ESSAI

SUR L'ORIGINE UNIQUE ET HIÉROGLYPHIQUE

DES CHIFFRES ET DES LETTRES

DE TOUS LES PEUPLES.

A. PIHAN DELAFOREST,

Imprimeur de Monsieur le Dauphin, de la Cour de Cassation,
du Collége Royal de Saint-Louis,
et de l'Association Paternelle des Chevaliers de Saint-Louis,

RUE DES NOYERS, Nᵒ 37.

ESSAI

SUR L'ORIGINE UNIQUE ET HIÉROGLYPHIQUE

DES CHIFFRES ET DES LETTRES

DE TOUS LES PEUPLES,

OUVRAGE ACCOMPAGNÉ DE PLANCHES SOIGNÉES ET TRÈS ÉTENDUES,

PRÉCÉDÉ

D'un Coup d'œil rapide sur l'Histoire du Monde, entre l'époque de la Création et l'Ère de Nabonassar,

Et de quelques Idées sur la Formation de la Première de toutes les Ecritures, qui exista avant le Déluge, et qui fut Hiéroglyphique;

PAR M. DE PARAVEY,

MEMBRE DU CORPS ROYAL DU GÉNIE DES PONTS ET CHAUSSÉES,
DE L'ORDRE ROYAL DE LA LÉGION-D'HONNEUR, ET L'UN DES FONDATEURS
DE LA SOCIÉTÉ ASIATIQUE DE FRANCE.

PARIS,

TREUTTEL et WURTZ, Libraires, rue Bourbon, n° 17;

DONDEY-DUPRÉ, rue Richelieu, n° 67; MERLIN, quai des Augustins, n° 7.

1826.

À Son Excellence,

le Duc de Doudeauville,

Pair de France, Ministre d'État, Grand
d'Espagne de la Première Classe, Ministre
Secrétaire d'État de la Maison du Roi,
Chevalier de ses Ordres, etc., etc.

Monseigneur,

À l'Époque déjà ancienne d'une Restauration
que Votre Excellence appeloit de tous ses
vœux, Commissaire du Roi dans les contrées

qu'arrose la Meuse, Vous avez apporté dans la Ville qui m'a vu naître, des paroles de Paix et d'Espérance, qui se réalisent maintenant que par les ordres du Roi, sous le Ministère dont vous faites partie, et par les soins de M. Becquey, Directeur-Général de mon Corps, un Canal aussi utile que celui du Languedoc, va incessamment, être ouvert entre le Rhin et la Seine.

À cette même Époque, appelé par l'honorable confiance de mes Concitoyens à mettre leurs Vœux et leurs Hommages aux pieds du Trône, je fus spécialement chargé de Vous exprimer leur Reconnoissance pour les marques d'Intérêt et de Bienveillance que Vous leur aviez données, et dont ils ont, en ce jour encore, su conserver le Souvenir.

Admis depuis à faire partie de l'État-Major de l'École Polytechnique, j'éprouvai moi-même cette Bienveillance, et celle de Vos Nobles Collègues, MM. les Marquis de Clermont-Tonnerre et de Nicolaï.

Les Rapports que j'avais depuis si long-temps, avec Votre illustre allié, M. le Duc Mathieu de Montmorency, que la France cesse à peine de pleurer, n'ont pu encore que me faire mieux accueillir de Votre Excellence.

A tous ces Titres, Vous voudrez donc bien permettre, Monseigneur, que j'aie l'honneur de Vous dédier un Ouvrage, fort indigne de paroître sous de tels Auspices, je ne l'ignore nullement; mais qui peut cependant jeter quelque jour sur l'Etude des Hiéroglyphes, Etude dont la haute Importance avoit été sentie par S. M. Louis XVIII, ainsi qu' Elle voulut bien me le dire Elle-même, et qui également encouragée par S. M. Charles X, va recevoir sous les Auspices de Votre Excellence, et de M. le Vicomte de la Rochefoucault, l'Extension que demande l'état actuel de nos Connoissances.

Placer cet Opuscule, sous la protection d'un Nom aussi cher que le Votre, Monseigneur, à la France et aux Lettres, c'est lui donner au moins un Mérite dont je sens vivement le Prix, personne n'étant plus que moi,

avec un Profond Respect,

de Votre Excellence,

Monseigneur,

Le très humble et très attaché Serviteur,

Le Membre du Corps Royal du Génie des Ponts et Chaussées, et de l'Ordre Royal de la Légion d'Honneur,

Ch. de Paravey.

Paris, le 6 septembre 1826.

INTRODUCTION.

———⊸⊶⊷⊶⊶———

DEUX causes se sont opposées à ce que cet Ouvrage parût avec toute l'étendue que les documents rassemblés par nous depuis plus de huit ans, nous eussent permis de lui donner; la première, c'est l'incertitude du jugement que portera l'Europe savante, si avide maintenant des découvertes que lui présage la lecture des Hiéroglyphes, sur ces Recherches que nous publions après les avoir mûries si long-temps, et qui tendent à reporter vers L'ASSYRIE ou L'ASIE CENTRALE, l'origine de cette mystérieuse Écriture, regardée jusqu'à ce jour comme née à THÈBES, ou du moins dans L'ÉTHIOPIE : la seconde, ce sont les circonstances cruelles, où nous nous sommes trouvé en le composant, et alors même que sous le rapport spécial de l'origine des

Chiffres, nous en avons lu un fragment à L'ACADÉMIE DES SCIENCES [1].

Nous l'avons entrepris en effet, bien plutôt pour faire diversion aux inquiétudes que nous éprouvions sur la santé d'une Mère chérie, qui vient de nous être enlevée, malgré les soins des Médecins les plus célèbres [2] (nous qui avions perdu le meilleur des pères dès le berceau, et qui savions déja si bien quel sort est celui d'un orphelin), que par le vain amour d'une célébrité sur laquelle nous comptons fort peu, les Croyances que nous y manifestons, étant de celles qu'on attaque avec autant de Force d'un côté, que de l'autre on met de Mollesse à les défendre.

Consumée par des chagrins de toute nature; ayant vu son vénérable père emprisonné, et des remboursements énormes en assignats, venir causer la ruine de sa famille dans laquelle jusqu'alors on avait exercé une Hospitalité si noble et si affectueuse; elle s'était flattée, qu'admis dans un Corps justement célèbre, où son premier mari avait laissé les plus honorables souvenirs, nous serions environné de Protection et de Bienveillance, et bien loin de là, elle nous y vit persécuté, jusqu'à l'époque heureuse où le Corps des Ponts et Chaussées, retrouva dans M. le Directeur-Général Becquey, l'administration paternelle et douce, à laquelle l'avait habitué M. le Comte de *Montalivet*, et la seule qui puisse convenir à des hommes d'honneur et de talent.

---

[1] Voyez *le Globe*, journal littéraire et scientifique, n° 90, T. III, 20 juillet 1826. Le président de l'Académie nomma commissaires, pour examiner nos Recherches, MM. le Baron de *Humboldt*, *Fourier*, *Ampère* et *Latreille*. M. de Humboldt s'excusa d'accepter, ayant un travail sur les même matières. Bien que nous fussions certains de l'approbation de MM. Ampère et Latreille, nous nous sommes déterminé à livrer notre Mémoire à l'impression.

[2] MM. les docteurs Récamier, Landré-Beauvais et de Kergaradec, de qui nous n'avons eu qu'à nous louer infiniment.

Elle se flattait dès lors, que nous allions y reprendre un ser-
vice actif et avantageux, et lorsque M. le Marquis de Sémonville,
sur les notes que nous lui avions remises dans l'intérêt des
Ardennes, pays où nous sommes né, obtint l'exécution du
Canal de *l'Aisne* à la *Meuse* qui se fait actuellement, et qui ri-
valisera un jour, nous osons l'affirmer, avec celui du Languedoc,
nous fûmes vivement tenté d'obtempérer aux désirs si naturels,
et si conformes à nos intérêts d'Avancement et de fortune, d'une
personne qui nous était si chère : mais nous avions commencé à
repousser les attaques d'une Philosophie destructive : nous
crûmes que notre Mission était de continuer ces mêmes Travaux,
dont elle concevait difficilement l'ensemble : nous eussions seulement voulu déposer ce faible Opuscule écrit à la hâte (on ne le
verra que trop), sur ce lit de douleurs, où elle a si long-temps
souffert avec une admirable résignation. Pourquoi faut-il, si,
comme nous osons nous en flatter, la nouveauté des Résultats
qu'il renferme, amène quelques Savants à y prêter leur attention, que nous ne puissions plus lui en faire hommage que sur
sa Tombe ! ! !

Nous nous proposons en effet, *par des Faits Matériels* tels
que les aime ce Siècle *si éminemment positif et industriel*, de
traiter quelques-unes de ces vastes questions, sur lesquelles on a
vu, on voit chaque jour, des Hommes du plus haut mérite se
diviser ; ces *Hommes ayant abandonné, dans leurs recherches
au moins*, le seul fil qui pouvoit les guider au milieu du dédale
obscur des Temps Antiques, et ne voulant se fier qu'à leur
seule et trompeuse Raison.

Y a-t-il eu plusieurs Centres de civilisation sur les Plateaux
culminants des principales parties du Globe, et des hommes de
Races différentes et indélébiles, y sont-ils sortis du sein de la

Terre, comme y croissent encore les Champignons? Ces hommes ont-ils commencé par l'État Sauvage, et long-temps séparés par des distances immenses, ont-ils créé des Arts et des Sciences d'une physionomie toute particulière, et d'une nature propre au Climat brûlant ou froid, au Pays gracieux ou sévère, dans lequel nés de la Matière seulement, ils avoient vécu si long-temps, d'une manière toute sensuelle et plus grossière que ne le font les Animaux ?

Ces Opinions, malgré tout ce que les dernières surtout ont de pénible pour la Nature Humaine, ont été soutenues récemment dans le *Nouveau Dictionnaire classique d'Histoire Naturelle* [1], et viennent de l'être encore, bien qu'en termes moins prononcés, dans un Ouvrage qu'a rejeté, mais pour une autre cause, l'Académie des Sciences [2]. Et dans des Livres d'un tout autre mérite; dans ceux de M. le Comte de Lacépède [3], de M. Maltebrun [4], de M. de Humboldt [5], Ouvrages dont les Théories sont Résumées en partie dans celui de MM. Gavoty et Tolosan [6]; on voit ces Auteurs justement célèbres, regarder l'Homme primitif, comme vivant dans l'état Sauvage, (tandis que l'état sauvage n'a été engendré suivant M. de *Bonald* et suivant nous, que par l'homme criminel, fuyant dans les Déserts, et y oubliant les Arts des peuples civilisés) : On les voit en outre, supposer également que divers Centres distincts de Connoissances ont existé, et placer ces Centres indépendants les uns des autres, dans les principales parties du Globe.

[1] Y voir l'article *Homme*, de M. Bory de St.-Vincent. [2] *Histoire Naturelle des Races Humaines*, par M. Desmoulins, docteur en médecine. [3] Article *Homme* de M. le comte de Lacépède, dans le grand *Dictionnaire d'Histoire Naturelle*, publié chez Levrault. [4] *Précis de Géographie*, liv. II, p. 11 et 15. [5] *Monuments Mexicains*, Introduction, p. 33, 34, 35, in-8°. [6] *Essai sur l'Histoire de la Nature*, chez Arthus Bertrand. Paris, 1815.

Nous ne traitons point ici la première de ces Questions ; non
plus que celle de la diversité des Races, question immense, et
qu'il est temps cependant que les véritables Philosophes soulè-
vent ; car agitée chaque jour, dans chaque nouvel écrit d'Ana-
tomie, elle tend à ébranler puissamment, la vérité des récits de
Moïse : mais les Recherches que nous allons développer, démon-
trant que malgré leurs formes différentes, et en apparence du
moins, dues à des origines très diverses, les Signes de l'Écriture,
et de la Numération, sont les mêmes chez tous les Peuples du
globe ; nous arrivons indirectement, à résoudre la seconde
question et à montrer, ce qu'établissent aussi nos Mémoires sur
les Constellations de tous les Peuples (Mémoires restés manuscrits faute de moyens convenables pour les publier), que tous
ces Peuples ont puisé leur Civilisation à la même Origine, et
dans le même Pays où Moïse place la famille de Noé après le Déluge : c'est-à-dire, suivant nous (et d'après les dernières explo-
rations savantes, faites par les Anglois, relativement à la hauteur des chaînes de Thibet) [1], à l'ouest et sur les flancs même
de ce Plateau central de *l'Asie*, Point reconnu, avec certitude
maintenant, comme le plus élevé de toute la Terre, et celui qui
le premier, dut être desséché : la Bible nous présentant en effet
les hommes de la 4e génération après le Déluge, ou du temps
D'HÉBER, et de PHALEG, comme venant de L'ORIENT lors-
qu'ils se rendirent dans les plaines de Sennaar ou de la Chaldée [2] ; et cet accord des traditions de Moïse, avec des Mesures
de hauteur que nous connoissons à peine depuis deux ou trois
ans [3], comme aussi ce nom de *Mamelles*, de point culminant

---

[1] *Asiatick Researches*, T. XIV, n° vi ; et T. XVII, p. ix, de la *Revue
Encyclopédique*. [2] *Genèse*, XI, 2. [3] Depuis les voyages de M. de Humboldt, ou croyoit le *Chimborazo* en Amérique, plus élevé que les chaînes
prodigieuses du Thibet, et certaines personnes en triomphoient.

de la terre, Koustana, donné au pays de Khoten [1], pays situé au nord du Petit Thibet et du Cachemire, et d'où les eaux dit-on, s'écoulent, les unes vers la Mer de l'Ouest, ou la Mer Caspienne, les autres vers celle de l'Est, ou la mer du Japon et de la Chine [2], étant des Faits, déja par eux-mêmes très remarquables et dignes de l'attention de tout homme éclairé.

Dans un Ouvrage que nous préparons depuis plusieurs années, dont nous avons communiqué seulement quelques parties à MM. Ampère et Cauchy (deux des membres les plus distingués de l'Académie des Sciences) et au savant M. *Stapfer*, et pour lequel il nous manquoit des Livres Orientaux, que nous venons enfin de recevoir du *Bengale*, nous traiterons ces questions Géographiques et Historiques.

Nous montrerons que d'après le Nom même, de Mer *Rouge* donné à la Mer du Sud, de Mer *Noire* accordé à celle du Nord, de Mer *Blanche* donné par tous les Levantins à la Mer Méditerranée (*Mer qui est à l'Ouest de l'Asie Centrale*), de Mer *Verte* enfin, attribué par les Orientaux; les Arabes, etc., à la Mer des Indes, de la Chine, et du Japon, ou à la Mer Orientale, il a fallu que l'Empire Central, *l'Empire véritable du milieu*, fût situé, dès les temps les plus anciens, en Assyrie ; puisque dans le système antique et Hiéroglyphique, ces quatre Couleurs répondent à ces quatre Points Cardinaux ; et que dans une Ville orientée par exemple, comme il en existe encore au Tonquin, dire la porte *Blanche*, c'est parler de la porte de l'Ouest ; nommer la porte *Verte*, c'est indiquer celle de l'Est.

Nous le montrerons encore, en discutant les Noms Hiéro-

---

[1] P. xiv, Préface, *Histoire de Khoten*, par M. Rémusat, ouvrage utile, malgré la sécheresse orientale des détails qui y sont traduits. [2] P. 2, *Hist. de Khoten*, idem.

glyphiques, donnés aux quatre Peuples Barbares des Limites, issus
de certains Exilés nous dit-on, savoir : de *Man* [1], ou de peuple
sujet aux *vers de ce nom* (Vers connus chez nous, sous le nom
de *Soyes*, et qui n'attaquent que les Nègres et les Peuples entre
les tropiques), nom que l'on donne aux Peuples du SUD, ou aux
ETHIOPIENS des anciens ; de *Ty* [2] ou de *Pe-ty*, c'est-à-dire, *Ty*
du Nord, nom donné aux Peuples barbares du NORD, et qui
offre les images de *Feu* et de *Chien*, ce qui convient parfaitement aux RACES FINNOISES, et SAMOYÈDES ou aux Races Hun-
niques peut-être ; de *Y* [3] ou de Peuples *aux grands Arcs*,
Errants et *Nomades*, nom attribué aux peuples de l'EST, et par
extension ensuite à tous les Peuples Nomades, et qui ne peut
convenir qu'aux SCYTHES des Anciens ; de *Kiang* [4] enfin, nom
donné aux Peuples de l'OUEST, et qui offre le symbole *d'homme*
et de *Bélier, Brebis*, Nom qu'on appliqua ensuite aux Thibétains, chez qui ont pu pénétrer des Afghans race antique et
Arabe, mais qui dans l'origine, n'a pu être que celui des ARABES
BÉDOUINS de l'Afrique, vêtus des Peaux de leurs Brebis, et
également nommés *Jong*, c'est-à-dire, *armés de lances :* Nous
montrerons disons-nous, que ces antiques désignations ne peuvent convenablement s'expliquer, qu'en plaçant l'Empire Primitif et Central qu'entouroient ces Peuples, ou *l'Empire du
milieu* TCHONG-KOUE, (nom que porte la Chine actuellement,
que prit l'Inde également [5], que par orgueil ont pris ensuite
tous les peuples anciens en s'isolant les uns des autres), dans
l'Assyrie antique ou dans l'IRAN des Parses, l'ancien et célèbre

---

[1] *Chou-King.* p. 17 ; et n° 1938, *Dictionnaire Tonique Chinois-Anglois*
de Morrisson. [2] *idem, Chou-King ;* et Morrisson, *ibid.* [3] *Voir* Morrisson,
ibid. [4] *Id.*, *voir* Morrisson, *ibid.*, n° 1938. [5] P. 14, liv. 2, T. I, *Précis
de Géograph.*, de M. Malte-Brun.

pays de *Ta-hia* [1] des Chinois eux-mêmes ; c'est-à-dire, entre la Chaldée ou le *Ta-tsin* [2], et la partie Ouest du plateau central du Thibet, et non point en Chine, où toute cette Géographie n'est arrivée, que fort long-temps après que ces divisions (établies dès les temps voisins du Déluge, nous dit-on) eurent été créées.

Entrant alors, dans les traditions conservées par l'antique Écriture Hiéroglyphique de ces contrées nous ferons voir, que ce Personnage célèbre, mis en tête des listes Chronologiques les plus estimées par les Chinois [3], telles que le *Tsou-chou*, curieuse Histoire échappée à l'incendie des livres et que nous possédons (personnage, qui parla en naissant nous dit-on, *et qui naquit avec une intelligence extraordinaire* [4], sous lequel furent créés tous les arts une première fois, qui régnoit en outre, par la vertu de la terre qui est de couleur jaune ou rougeâtre ajoute-t-on, d'où il fut appellé *Hoang-ty*, ou le Seigneur Rouge ou jaune [5]), ne peut-être qu'ADAM, dont le nom a la même signification en Hébreu, et que la Bible nous présente sous le même aspect; nous expliquerons comment *Fo-hy* ou ABEL, et *Chin-nong* ou SETH, ont été placés avant lui dans l'ordre des temps, bien que ses fils; nous montrerons que *Chao-hao* ou *Hiuen hiao*, *sous lequel des troubles, des idolâtries furent excités* [6], ne peut être que CAÏN; que *Tchouen-hiu*, qui apaisa ces troubles, *rétablit les cérémonies du culte* [7], ne peut être qu'ÉNOS, dépeint par la Bible sous les mêmes traits : que *Ty-ko*, est MATHUSALEM; que *Yao* [8] ne peut-être (si l'on n'en a fait postérieurement à l'incendie des livres, une personnifi-

---

[1] P. 45, T. III, *Observ. Mathém.* du P. Souciet, texte du P. Gaubil.
[2] *Ibid.*, p. 118, T. II, *id.*, texte du P. Gaubil. [3] *Chou-King*, p. cxxxiij, *Tableau Généalogique des Dynasties.* [4] *Chou-King*, p. cxxx, *Discours préliminaire.* [5] *ibid.* [6] *Idem*, p. cxxxvij. [7] *Idem*, p. cxxxviij. [8] *Chou-*p. 2 et 5, et suivantes.

cation du nom de JÉHOVAH), que le LAMECH Caïnide; et qu'enfin *Chun* [1], sous lequel arrive un Déluge dont il répare les maux, et dont les Ancêtres nous sont donnés dans l'ordre même des premiers Patriarches de la Bible et en même nombre, ne peut-être que NOÉ. Or, ce Personnage du *Chou-king* qui offre comme NOÉ un Sacrifice après le Déluge, et cultive comme lui la Terre, nous est représenté comme Habitant d'abord sur les bords du *Kouey-chouy*, ou de l'OXUS [2]. On le peint, allant vers l'EST, et y recevant pour tribut des *Pierres de Yu*, qui ne se trouvent (comme l'a fait voir M. Rémusat) [3] que dans le pays de *Khoten*, situé en effet à l'Est de la BACTRIANE et de l'Assyrie antique ou de la Perse; enfin, sous son Empire se récréent une seconde fois tous les arts [4], et se rétablit de nouveau la société; que peut-il donc être autre chose que *Noé*, la date qu'on lui assigne par une Chronologie positive et *appuyée sur l'Astronomie*, étant d'ailleurs, celle que la Vulgate donne à NOÉ (2357 à 2347)? Et quel autre pays habitoit-il, si ce n'est le KHORASSAN ou l'IRAN, alors nommé le *Ky-tcheou* [5], et depuis appelé *Ta-hia?*

Sous lui, figurent trois personnages célèbres [6]; *Héou-tsy*, qui ne peut-être que SEM, ce dont nous déduirons des conséquences très importantes quant aux croyances des anciens peuples : *Sie*, que certains font fils de cet *Héou-tsy*, et qui ne peut être qu'ARAM, fils de SEM, et tige des Phéniciens, Araméens, Arméniens; *Yu*, sous qui se trouve le vin [7], où l'on pourroit peut-être voir JAPHET, mais que d'autres considérations nous amènent à regarder comme fils d'ELÁM, ou de *Lo-ming* peut-être : on voit, en outre, à la

---

[1] *Chou-King*, p. 8, 9, 10, 13, et suivantes. [2] Klaproth, *Tableaux de l'Asie*, carte 6e. [3] (*Histoire de Khoten*, p. 237), Dissertation sur la pierre de *Yu*. [4] *Chou-King*, texte, p. 18, 19, etc. [5] *Ibid.*, texte, p. 63. [6] *Chou-King*, annotations, p. cxxxiij; et p. 17, 18, texte. [7] *Ibid.*, p. 42, annotations.

même époque, des criminels envoyés en exil [1], et qui nous rappellent les malédictions portées sur CHANAAN, race de CHAM.

En 2206 avant J.-C. commence, après la mort ou l'éloignement de NOÉ, la première dynastie connue de la Chine, celle des *Hia*, ou des ÉLAMITES, des *Pischdadiens* des Parses, dont *Yu* est la tige, et qui forme pour nous le Premier Empire d'Assyrie. Là ; des Tours très hautes sont mentionnées [2], et rappellent celle de NEMROD, dont les débris subsistent encore sous son Nom [3], à Hillah ou BABYLONE ; là, toute l'histoire du célèbre DJEMSCHID des anciens Parses se retrouve détaillée dans celle du Roi *Siang*, comme celle de FÉRIDOUN, dans son fils fugitif, et caché *Chao-kang* [4]. Après une usurpation célèbre sous *Han-tsou*, et qui rappelle celle de ZOHAK, *Chao-kang* ou Féridoun, remonte sur le trône : l'Empire retrouve son éclat, jusqu'à ce que des Révolutions arrivent [5] ; Révolutions, qui font transférer la Capitale vers l'Egypte, ou en Egypte même suivant nous.

Le 15e Roi de cette antique Dynastie, et le 17e qui est en même temps le dernier (ce qui rappelle les dix-sept Rois Ethiopiens, mis par Hérodote à la tête de l'Histoire Egyptienne), élèvent des Tombeaux et des Tours dispendieuses [6], qui ne peuvent être que les *Pyramides* ; ils accablent les peuples d'Exactions, se montrent des Tyrans odieux. Le dernier principalement, *Ly-kuey*, ou *Kie*, où l'on ne peut voir que le NINUS de Moïse de Chorêne, est entraîné dans les plus folles démarches par une femme d'une beauté admirable, et aussi cruelle que belle, la célèbre *Mey-ky* [7], vivant avec lui dans un Palais

[1] *Ibid.*, texte, p. 16 ; et p. 42, à cause du vin trouvé, chose remarquable. [2] *Ibid.*, notes, p. 58. [3] *Voyage aux Ruines de Babylone*, par M. Riche. Paris, 1818, Didot. [4] *Chou-King*, p. 70, 71, annotations. [5] *Chou-King*, p. 74, annotations. [6] *Chou-King*, p. 76 ; et *Ly-ta-ky-sse*, extraits qu'a eu la complaisance de faire pour nous M. Brosset, jeune Orientaliste plein de mérite. [7] T. I, Mailla, *Hist. de la Chine*, p. 156, note I.

souterrain, et ne pouvant être que la NITOCRIS d'Hérodote, ou la SÉMIRAMIS de *Moïse de Choréne* : elle est cause de sa Ruine : l'Empire suprême passe aux *Chang* [1], c'est-à-dire aux Araméens, ou Phéniciens issus de *Sie*, ou ARAM ; ils établissent, en Egypte même, le Siège de leur Empire des *Chang* ou des *Marchands*. Sous le premier d'entre eux, *Tching-tang* (où l'on pourroit voir OSYMANDIAS), des Ministres sages et habiles s'élèvent au pouvoir, et les sept années de famine arrivent [2], à la date même, à quelques années près, où la Vulgate place JOSEPH, son élévation sous un Pharaon puissant, et les sept années de disette qu'il sait prévoir : nous sommes donc amenés ainsi, et par des Rapprochemens dont la force ne peut être contestée, aux Temps florissants de l'Egypte et à cette Dynastie glorieuse et éclairée, aux traits du visage réguliers et Caucasiques nous dirions presque, Sémitiques, dont les Cartouches Royaux ornent les Obélisques, et dont les Peintures Magnifiques se voient encore dans les Hypogées de Thèbes [3],

Sous *Tay-vou*, roi encore célèbre de cette Dynastie [4], au 16ᵉ siècle avant notre ère, ou sous *Ho-tan-kia*, quelques Règnes

---

[1] *Chou-King*, p. 77, 78, 79, et suiv. [2] *Chou-King, idem*, p. 80. [3] Nous n'ignorons pas que MM. Champollion, tout en prétendant se renfermer dans les bornes possibles de la Chronologie Biblique, placent ce puissant monarque infiniment plus haut : nous avons lu et médité les *Lettres à M. le duc de Blacas* ; nous les discuterons : et nous appuyant comme eux sur le tableau généalogique et si précieux, copié à *Abydos*, par M. Caillaud, mais tenant compte du canon d'Eratosthène, au moins aussi croyable sur l'Egypte que *Manéthon*, et qui confirme complètement notre travail général, nous montrerons, comme nous le disons ci-après, qu'avant *Joseph*, auquel les Egyptiens actuels attribuent encore leurs Canaux, leurs Puits, leurs Greniers, qui continuent jusqu'à ce jour à porter son nom, cette étroite Vallée à peine desséchée, n'avoit jeté aucun éclat : *Joseph*, comme le dit la Bible (psaume CIV, § 22), *ayant instruit les princes de la cour de Pharaon, comme Pharaon lui-même, et enseigné la sagesse aux anciens de son conseil*. Nous montrerons d'ailleurs le nom même des divers Rois-Pasteurs, les uns Grecs, les autres Phéniciens, existant dans les Listes Royales portées en Chine, et où nous puisons nos preuves principales. [4] Chou-king annot : p. 106.

après, nous voyons la vertu de ces Princes décliner, c'est-à-dire cette monstrueuse idolâtrie de l'Egypte qui n'existoit pas encore sous JOSEPH, commencer à se montrer, et vers cette époque, en effet, sont des indices de MOÏSE, et des Prodiges opérés de son temps [1].

Mais des incursions de Barbares arrivent, des inondations attribuées à un prétendu *Hoang-ho*, et qui ne peuvent être que celles du NIL, ont lieu; on voit le 19ᵉ Roi, *Pan-keng*, émigrer avec son Peuple [2], aller en Ethiopie peut-être, et le 21ᵉ, *Siao-ye*, être obligé de faire cacher son fils, de l'envoyer dans un pays éloigné [3], ce que nous rapporte également Manéthon de SÉSOSTRIS et de son père. Ce fils, nommé *Vou-ting* ou le *Guerrier*, est en effet un conquérant célèbre; sous lui le Phénix paroît (c'est-à-dire la Période Sothiaque se renouvelle) [4], et Tacite également place le Phénix sous *Sésostris* ou *Ramessès*; enfin, il va attaquer et vaincre des Peuples du Nord [5], ce qui ne convient qu'à l'expédition de Sésostris dans la Colchide, et le place à cette date même (1322) du Cycle caniculaire, où le mettait M. Larcher.

Dans l'impie *Vou-ye* [6], le 27ᵉ Roi des *Chang*, on reconnoît également le PHÉRON d'Hérodote. Dans *Ven-ting*, ou plutôt dans *Ty-ye*, surnommé *To*, sous lequel une ville célèbre du Nord est assiégée [7], on ne peut que voir le CETÉS de Diodore, ou le PROTÉE d'Hérodote, sous lequel a lieu la fameuse guerre de TROYE; les Temps ici concordant encore parfaitement en effet, ce Roi *Ty-ye* étant de l'an 1191 : il est remplacé par un Tyran devenu de nouveau très célèbre, le CHÉOPS d'Hérodote, le *Chéou-sin*, de la Chine, Noms presque pareils.

Sous ce nouveau Despote, le Second Sardanaple de Frèret

¹ *Chou-King*, p. 106. ² *Chou-King*, p. 110. ³ *Idem*, p. 120 et p. 126. ⁴ *Idem*, p. 128. ⁵ *Idem*, p. 121, ⁶ *Idem*, p. 132. ⁷ *Idem*, p. 133.

peut-être car, comme l'un des SARDANAPLES, il se brûle, dans une
Tour, avec ses Habits Royaux [1], après la perte d'une bataille où ses
soldats l'abandonnent ; Sous ce Tyran disons-nous, l'Empire
Passe aux *Tchéou* [2], Nouvelle Dynastie Assyrienne, ou plutôt
Chaldéenne, ARPHAXADÉENNE, Dynastie qui abandonne l'E-
gypte, en transporte les Peuples (alors nommés *Yn*, et gouvernés
par *Vou-keng*, fils de *Chéou-sin*) dans le pays de *Goey*, puis
dans le pays de *Lou*, c'est-à-dire en ORIENT où l'une de ses
Branches va Régner [3], et qui devenue toute-puissante, fonde
dans le centre de l'Asie, un Empire Féodal encore immense, et
dominant sur les Principaux Rois de cette époque ; Empire le
premier et le seul admis en Assyrie par *Hérodote*, mais qui,
suivant *Ctésias*, ne pouvait être (ainsi que l'ont prouvé déja
divers auteurs) que le second établi dans ces contrées, c'est-à-
dire l'Empire des *Kayaniens* ou *Caianides* de d'Herbelot, si
célèbre chez les Parses et les Orientaux, et succédant, après un
long interrègne de plus de 400 ans où l'on suppose que Régnoit
le fabuleux *Afrasiab* [4] (c'est-à-dire, suivant nous, les *Chang*
en Egypte, véritables TOURANIENS), à la Première Dynastie
Assyrienne ou IRANIENNE, celle des *Ta-hia*, ou des *Hia*, c'est-
à-dire des PISCHDADIENS.

   Vou-Vang [5], fondateur guerrier de cette puissante et nouvelle Dynastie, dont le séjour ramené en Assyrie, nous rappelle les translations du Califat, opérées dans un sens analogue, presque de nos jours, ce *Vou-Vang* [5], où nous voyons
la Tige de la Famille des Xerxès et des Darius les Rois
des Rois, est en effet le CAI-COBAD du *Schah-nameh* de Fer-

---

[1] *Chou-King, idem*, p. 134 à 138, et p. 147, pour sa mort tragique.
[2] *Idem*, p. 144 et 149, et suiv. [3] *Chou-King*, p. 183, 184. [4] *Bibliothèque Orientale* d'Herbelot, article *Afrasiab*. [5] *Chou-King*, p. 146 à 149,
et suivantes.

dousi; et *Mou-Vang*[1], Roi célèbre par son expédition en
Occident, par ses Guerres et par ses Palais magnifiques, ne peut
être évidemment que le Caï-kaous du même poëme, dont on
rapporte les mémorables expéditions et aventures, vraies ou
fabuleuses, et qu'on place à la même époque celle de David et
Salomon[2]. Et comme ici l'Histoire, ou plutôt le Poëme des
Persans entre dans des fictions dont il est difficile de faire sortir
la vérité Historique[3], nous reprenons la Bible, qui nous
montre dans Salmanasar, ou le *Roi Pacifique*, le *Ping-*
vang des Chinois, dont le Nom a la même signification, et qui
est placé exactement à la même époque, de 770 à 720[4].

A cette époque de *Ping-vang*, ou de Salmanasar, les Dates
Historiques, même aux yeux des Lettrés et des Habiles Critiques
de la Chine, acquièrent seulement, dans leurs Livres, toute leur
certitude : alors également (en 776) commencent les Olympiades
en Occident; alors se fonde Rome (en 745); alors s'établit (en
747) la fameuse ère de Nabonassar; après une longue désola-
tion, alors l'Egypte recommence à jeter quelqu'éclat, et sous
Psammétique (en 670), elle est connue des Grecs, Peuple moderne, comparativement à ceux dont nous parlons : alors enfin,
dans nos Livres Occidentaux l'Histoire devient plus positive, et
commence à se dégager des traditions Asiatiques qui la pré-
cèdent partout, plus ou moins déguisées.

A cette date donc (où sur toute la Terre à la fois, en raison de

---

[1] *Chou-King*, p. 285 et suiv. [2] *Bibl. Orient.*, *idem*, d'Herbelot, article
Caï-kaous. [3] Il faudrait que les élèves habiles et nombreux du savant M. de
Sacy fouillassent dans les écrits de *Hamzeh* et de *Massudi*, auteurs Arabes
antérieurs à Ferdousi, qui avoient puisé dans ces anciennes Histoires de la
Perse, et dans l'ancien *Schah-Nameh*, ou *Livre des Rois*, livre sans doute
analogue au *Chou King*, et ne renfermant pas les fables introduites (avec
quelques faits vrais cependant) par Ferdousi, dans son poëme, seul ouvrage
dont nous puissions nous servir pour nos recherches jusqu'à ce jour. [4] *Chou-*
King, p. 306.

l'usage enfin plus répandu de l'Ecriture Alphabétique, qui remplaçoit peu à peu les anciens Livres écrits en Hiéroglyphes, les Faits deviennent plus certains, et où s'arrête presque le *Chou-king* guide le plus certain après la *Bible*, le dernier Roi mentionné dans ce Livre mourant en 621 avant J.-C.), pouvoient déja peut-être, exister en *Chine* comme au *Japon* fondé seulement en 660 avant notre ère [1], quelques colonies de Race Sémitique qui étaient venues civiliser les *Scythes* et les *Huns*, habitans primitifs de ces contrées; et peut-être même, quelque branche cadette de la famille très étendue des *Tcheou*, y régnait-elle déja, sous la Suzeraineté éloignée de l'Empire central et primitif, établi alors vers BALKHE, SAMARCANDE, et sur l'OXUS, où l'on place LOHORASP, et d'autres Rois CAIANIENS; et cependant, les Historiens Chinois les plus estimés ne commencent l'Histoire positive de leur Pays, qu'à *Goey-li-vang*, et vers 424 à 399 avant J.-C.

Alors finit le *Tsien-pien*, 1re Partie du *Tong-kien-kang-mo*, Histoire la plus estimée conservée en Chine. Alors commence le *Heou-Pièn*, ou la 2e partie de cette Histoire, celle qui s'applique à la Chine avec toute certitude [2]. Ce n'est que long-temps après encore, et sous *Tsin-chi-hoang-ty*, le fondateur du *Tsin*, montant sur le trône en 246 avant J.-C., que se bâtit la *Grande Muraille;* que le sud de la Chine commence à être connu des Chinois, que des Monumens positifs enfin, y montrent un Empire déja puissant [3].

---

[1] P. 137, T. I, *Hist. du Japon*, Kæmpfer. [2] P. 46 et 47, *Lettres au P. Parennin*, par M. de Mairan; et p. 157, *Chronologie Chinoise*, du P. Gaubil, sur le savant *Sse-ma-Kouang*, qui ne commence sa grande Histoire de la Chine qu'en 399, à la 23e année de *Goey-ly-vang*, n'ayant fait pour les temps antérieurs qu'un abrégé seulement. [3] P. 186, *Chronologie Chinoise* du P. Gaubil, publiée par les soins de M. le marquis de Laplace, de MM. de Sacy et Rémusat.

Aussi M. *Rémusat*, dont nous nous honorons d'avoir suivi les leçons savantes, bien qu'en y apportant des idées souvent contraires aux siennes, mais qui ne l'ont pas moins empêché de nous aider avec une extrême complaisance, nous dit-il [1], en traitant des Livres Chinois relativement aux Pays Etrangers dont ils parlent : « Ce qui précède le 2ᵉ siècle avant notre Ere, est « plus obscur; mais je pense que dans cette obscurité il est « encore beaucoup de faits à recueillir. » Et M. Klaproth lui-même, ne place-t-il, T. I, des *Mémoires relatifs à l'Asie* [2], le commencement de l'histoire certaine de la Chine qu'en 782 avant notre Ere, c'est-à-dire un règne avant *Ping-Vang* ou SALMANASAR.

Mais après cette esquisse rapide de nos Travaux Historiques à la fois appuyés sur la Concordance des Dates, sur celle des Faits, et sur l'identité des Noms traduits respectivement dans la langue de chaque peuple, esquisse que nous avons cru devoir donner afin de faire voir que nous avons dès à présent, examiné le vaste ensemble des matières difficiles dont nous voulons traiter, nous devons arriver aux travaux préparatoires que nous avons dû faire, avant d'envisager l'Histoire sous ce point de vue que nous croyons à la fois, et lumineux et vrai; nous devons parler de ces Hiéroglyphes, où avec satisfaction, mais sans une grande surprise, nous avons découvert le **Type** primitif des formes des Lettres de tous les Peuples; nous devons expliquer enfin, ce que nous entendons par une Écriture Hiéroglyphique, Écriture dont un assez grand nombre de Savants, maintenant qu'on commence à la pénétrer en Égypte, font l'objet de leurs

[1] P. 129, *Mémoires de l'Acad. des Inscript,*, *Recherches sur la ville de Kara koroum*, etc., M. Rémusat. [2] P. 406, *Mém. relat. à l'Asie*, T. 1, M. Klaproth.

Ecrits, sans avoir appris auparavant, en suivant le cours philosophique fait avec une si grande clarté par M. RÉMUSAT (qui a
su le Créer et le Perfectionner), ou en méditant suffisamment
sa concise et excellente Grammaire, à se faire une idée exacte
et convenable de la manière dont les Premiers Hommes durent
concevoir et établir ces Hiéroglyphes.

Ainsi on voit M. CHAMPOLLION, dans son *Précis*, regarder
comme une Découverte qui demandoit de longues méditations,
ce Principe posé par lui, *mais qui ne l'est pas encore peut-
être, avec toute la clarté désirable*, que dans l'Ecriture Hiéroglyphique entroient beaucoup de Caractères purement *Phoné-
tiques;* il partoit donc, ainsi que d'autres Savants qui suivent
ses traces ou qui l'ont précédé, de la supposition qu'il avoit pu
exister une Ecriture Hiéroglyphique entièrement Symbolique,
et cependant cette Supposition ne peut s'admettre.

Tant d'objets qui entourent l'Homme, et qu'il eut le besoin
de peindre et de distinguer quand, instruit par Dieu dans l'art
de la Parole et de la Pensée, il voulut *Figurer* ces pensées, se
ressemblent parfaitement dans leurs Formes, leurs Couleurs,
leurs Habitudes extérieures, bien que différant infiniment
dans leur Substance intime, que les Peintres les plus habiles
n'auroient pu Ecrire avec cette Ecriture purement *Figurative*
que l'on s'imagine à tort avoir été la Première. Comment distinguer, en effet, par des Symboles nécessairement abrégés et
fort réduits, un Homme d'un autre Homme, une Abeille d'une
Guêpe, de l'Orge et du Froment, un Cerisier d'un Pêcher, et
même des Objets infiniment moins ressemblants entre eux? On
ne le pouvoit qu'avec le secours des Noms ou plutôt des Sons
particuliers qui, dans le Langage Oral, désignoient ces mêmes
Objets : la combinaison des Ecritures *Figuratives* et *Phoné-*

b

tiques devoit donc avoir lieu dès l'origine même de l'Ecriture Hiéroglyphique : de là devoient naître des Lettres Syllabiques d'abord, comme le sont celles de l'Alphabet Japonnois, et facilement ensuite, réduites à une Expression plus simple et de pures Voyelles ou de Consonnes : de là également devoient naître, pour chaque Syllabe, plusieurs lettres d'un sens et d'une forme différente [1], comme on le voit dans les Alphabets Egyptiens (rétablis d'ailleurs avec tant de mérite par M. CHAMPOLLION), et comme on l'eût vu depuis long-temps en Assyrie et en Chaldée, si avec un peu plus de foi, pour d'Antiques et Vénérables Traditions, on n'eût pas regardé les Chinois et les Japonnois comme un peuple entièrement à part, et que dans leurs Livres, apportés du centre de l'Asie, on eût été chercher les Caractères que nous allons présenter, lesquels, peignant le le même Son par différents Objets, ou le même Objet sous divers Aspects, ont donné naissance aux Lettres de formes diverses de tous les Peuples, en y comprenant même celles des Egyptiens.

Supposons, par exemple, qu'on eût à figurer un Arbre, une Plante, un Quadrupède, un Insecte, un Minéral, dont le Nom se fût trouvé être en prononciation, Dé (ou Té, chez les Peuples qui n'ont pas cette lettre D, et qui la remplacent par le T, lettre de même organe) : il est évident, qu'ayant un Symbole arrêté et facile à tracer même en petit, pour un Arbre, un

---

[1] Un même Objet ayant donné, par sa Prononciation, le Son d'une Lettre Alphabétique, pouvoit être figuré vu de Face, de Profil, de Dessus, de Dessous, et ensuite sa Figure même pouvoit s'abréger diversement : plusieurs Objets très différents de formes, ayant dans leur nom la même Initiale pour les Consonnes, ou la même Finale pour les Voyelles, avoient pu également être le Symbole d'une même Lettre ; il y avoit donc au moins trois Causes pour que chaque Lettre pût être rendue par un grand nombre de Figures très différentes entr'elles : c'est ce que l'on voit dans les Alphabets de M. CHAMPOLLION et dans les Tableaux que nous offrons pour les Cycles Chinois, qui ont donné nos Lettres : c'est ce qui nous a permis, malgré la diversité apparente des Alphabets des Différents Peuples, de les rapporter tous à un Centre Commun.

Quadrupède, un Insecte, une Pierre, Objets pris en général
et non précisés, il étoit aisé de figurer près de cet Arbre, de ce
Quadrupède, de cet Insecte, un Objet de ce son DÉ ou TÉ;
tel qu'un *Dé* à jouer dans notre langue, un *Dé* à coudre, un
Dais ou parasol, ou tout autre objet de ce même son DÉ.

Mais un Arbre Cubique, un Quadrupède Cubique, un Insecte Cubique comme un *Dé*, offroient un non-Sens évident :
la Signification de cet Objet Cubique, de ce *Dé* ou de ce *Dais*,
disparoissoit donc facilement ; on s'habituoit à n'y plus voir
une Idée, un Sens réel, mais simplement ce Son qu'il apportoit
dans tous ses Composés, le Son DÉ ou DAIS : on avoit donc
ainsi l'Ecriture Phonétique, mais encore *Syllabique*, telle que
celle à laquelle sont parvenus les Japonnois pour leur usage
vulgaire ; et l'on voit comment des Objets de Formes très différentes, mais de Sons pareils ou presque pareils pouvoient
cependant engendrer et la même Syllabe Phonétique et des
Lettres de Figures très diverses, nous l'avons déja indiqué.

De là, à la distinction en *Voyelles* et en *Consonnes*, le passage étoit également facile : doués d'une Intelligence Complète
et d'une rare Pénétration, ces mêmes Hommes qui avoient su
établir avec 540 Symboles Principaux, cette Admirable Ecriture qui peignoit tous les Rapports des Etres entre eux, et qui
étoit d'une force dont nos Ecritures Alphabétiques n'offrent
qu'une bien foible idée [1], n'avoient pas attendu jusqu'au temps
du prétendu *Cadmus* des Grecs, pour sentir le besoin de séparer les Consonnes des Voyelles ; ils le faisoient au moyen
d'une Indication ingénieuse ; vouloient-ils rendre par exemple,
le nom d'un Objet prononcé PA, et dont l'accentuation étoit

[1] *Voir* T. IX, *Mémoire concernant les Chinois*, in-4°, p. 296 et suiv.;
Essai sur les Caractères des Chinois, par le P. Cibot.

autre que celle des Objets de ce même Son Pa, dont ils pouvoient avoir la figure présente à l'esprit; ils prenoient un objet
prononcé Po, le figuroient au-dessus d'un autre objet connu
prononcé La ou Ma, et ayant dans sa prononciation cet Accent
qu'ils vouloient rendre, et par le Signe Hiéroglyphique du
T'sie [1] ou de la Division, qu'ils plaçoient sous ces deux Objets
ainsi figurés, ils indiquoient que c'étoit le Son *P* du Symbole
Po, et le Son *A* du Symbole La ou Ma, qu'il falloit distinguer
et réunir, et ils produisoient ainsi le son Pa qu'ils avoient
voulu attribuer à ce premier objet dont ils s'occupoient.

Cette méthode du *T'sie*, véritable *Epellation*, déja expliquée
par M. Rémusat, dans ses vastes *Recherches sur les Langues
des Tartares* [2], et avant lui par le *P. Cibot* [3], missionnaire
plein de pénétration et de science, et dont les *Mémoires*,
remplis d'intérêt, forment, avec ceux du docte *P. Amiot*,
des Monuments Comparables à tout ce qu'a produit la Conquête
Glorieuse, mais si dispendieuse de l'Egypte; cette Méthode
Ingénieuse, disons-nous, a donc donné naissance à la Division
des Lettres en Consonnes et en Voyelles, Division à laquelle
depuis long-temps, sont arrivés les *Coréens*, faisant à cet égard
un pas de plus que les *Japonnois*.

Elle se trouve employée dans tous les Dictionnaires actuels
des Chinois, aussi bien que celle qui est plus simple encore, et
qui consiste à mettre sous l'Objet à définir, sa Prononciation,
rendue par celle d'un autre Objet d'un Son exactement pareil
et supposé parfaitement connu, Méthode qui aura pu donner
l'*Ecriture Syllabique*, nous l'avons déja indiqué : or ce Peuple
essentiellement Lettré, a eu des Dictionnaires dès les Temps les

---

[1] *Dictionnaire* de Deguignes, n° 746; et *Grammaire Chinoise*, p. 33,
note 2. [2] P. 74, et 71, 72, 73. [3] T. VIII des *Mémoires concernant les
Chinois*, p. 121.

plus reculés : la Nature même de son Ecriture Compliquée l'exigeoit : et, bien que certains auteurs aient prétendu que cette Méthode du *Tsie* ou de l'*Epellation* étoit moderne en Chine, commé aussi l'usage d'une Ecriture Cursive, l'Invention si ancienne des *Lettres alphabétiques* qui n'a pu avoir une autre Origine et qui remonte au moins aux temps de Moïse [1], aussi bien que la Dérivation évidente de plusieurs Lettres Minuscules des Grecs, de Formes Cursives d'Antiques Symboles Chinois, vient démontrer la fausseté de ces allégations, que se sera permises sans fondement, quelqu'ancien Lettré Chinois. Les Lettres des *Coréens* elles-mêmes ne paraissant pas avoir une autre Origine que les Nôtres, malgré la distance énorme qui nous sépare de ce Peuple ; et les Formes Cursives des Symboles Egyptiens indiquées par M. YOUNG et bien mieux encore par M. CHAMPOLLION, n'étant au fond que l'Ecriture même appelée *Thsao* [2], chez les Chinois.

Le Passage de l'Ecriture Hiéroglyphique à l'Ecriture Alphabétique, Passage qui eut lieu dès une Epoque fort reculée, et qui ne put se faire qu'en Assyrie, puisque là seulement, tous les Peuples purent venir puiser leurs Lettres, qui ont une Origine commune, *comme nous le démontrerons*, peut donc maintenant il semble, facilement se concevoir.

Il étoit une Conséquence toute simple et toute facile, de la nature même de la Primitive Ecriture Hiéroglyphique, où tous les Noms d'Arbres, de Plantes, d'Insectes, de Pierres, ne

---

[1] *Exode* XX, v. 4. « Vous ne ferez aucune Image de ce qui est en haut « dans le Ciel, et en bas sur la Terre, ni de tout ce qui est dans les Eaux « sous la Terre. » L'Ecriture Hiéroglyphique, formée précisément, nous dit l'antiquité (*voyez* le Frontispice), de ces Images prises dans le Ciel et sur la Terre, était donc ici proscrite ; aussi en ce jour les Arabes encore ne mettent-ils aucune Image sur leurs Monnoies, et cependant on a prétendu que les Hébreux, et les Catholiques eux-mêmes adoroient le Soleil et les Astres !!

[2] P. 5, § 14, *Grammaire* de M. Rémusat.

pouvoient être, aussi bien que ceux des Hommes, que Phoné-
tiques dans la Moitié du Groupe dont ils se composent; et ces
Caractères forment, on le conçoit, la plus grande Partie de ceux
qui ont existé et existent encore Vivants (à la Chine au moins),
dans cette Antique Écriture dont nous nous occupons.

Mais si la réunion d'un Symbole donnant l'Idée, et d'un Autre
donnant le Son et parfois aussi modifiant, expliquant en même
temps cette Idée, forme l'un des principaux moyens dont les
Premiers Hommes durent se servir pour Écrire, il ne faut pas
penser que dans les autres cas, où les Idées seules étoient rendues,
la vive Intelligence et la Sagesse profonde de ces Premiers
Hommes, ait manqué de Moyens pour se faire entendre par
Écrit, de leurs Semblables. On peut voir, dans les *Mémoires*
cités du Savant P. CIBOT, l'Analyse Ingénieuse qu'il fait d'après
les Auteurs Chinois, d'un très grand nombre de Caractères,
qu'il désigne sous les noms de Moraux, Dogmatiques, Scien-
tifiques, Historiques, etc., etc [1]. Dans la plupart se montrent
une rare Intelligence, une haute Sagesse, et des Vérités Mys-
térieuses que l'Europe jusqu'à ce jour, a encore beaucoup trop
peu méditées; les regardant, ces Caractères Symboliques,
comme propres à la Chine exclusivement, tandis qu'avant les
Temps de MOÏSE du moins, ils appartenoient à tous les Peuples,
encore peu éloignés alors les uns des autres.

C'étoit de ces Caractères Antiques, et non pas des Monstrueuses Idolâtries survenues ensuite en Égypte, que S^t-CLÉ-
MENT D'ALEXANDRIE, instruit dans l'Écriture Hiéroglyphique, disoit : «*Sunt Hébraïcis similia Ægyptiorum œnig-
mata.* » C'étoit là cette Sagesse, dont MOÏSE lui-même, est loué
de s'être instruit en Égypte, où les Sages de la Dynastie Sémi-

_____

[1] T. IX, *Mémoires concernant les Chinois*, p. 3o8 à 3i8.

tique des Sésostris l'avoient introduite. Déjà, M. *Lacour* de
Bordeaux, homme de bien et d'une rare pénétration, a su,
avec des Moyens très incomplets, pénétrer fort loin dans ce
Vaste Champ de Découvertes ; mais n'étant point Savant de
Profession, son Livre [1] a été comme ignoré ; un sort pareil
attend le nôtre peut-être ; Convaincu, après de Longues Recherches, des Vérités que nous voulons établir, nous espérons
dans la Justice des temps Futurs.

Pour donner des Exemples, soit de la Sagesse primitive de
ces Caractères, soit de l'Abus qu'on en fit à la longue, nous
citerons la phrase de deux Caractères, qui peint la mort du
Premier Roi dont le Souvenir soit conservé dans le *Chou-King* ;
cette phrase offre le Symbole de Monter et celui de Descendre,
car alors, disent les Commentateurs, son Ame monta au Ciel et
son Corps fut enterré [2]. Nous citerons celui qui signifie *unique*
et en même temps *Veau* [3], par un rapprochement naturel, à
des Pasteurs tels qu'on nous dépeint les Premiers Patriarches,
et qui eurent bientôt observé que ces Animaux, qui les nour-
rissoient de leur lait ou de leur chair, étoient toujours engendrés
Seuls : nous citerons enfin, celui qui signifie *Temple*, *Edifice*
consacré à la Religion [4].

Tant que voisins des Anciens Temps, une Foi vive éclaira
encore les Premiers Hommes, on put, sans aucun inconvénient,
pour exprimer un Dieu Unique, figurer le Symbole de *Ciel*, qui,
dans toute l'Antiquité, a été l'image naturelle de Dieu, et placer à
côté ce Caractère qui signifioit *Seul*, *Unique*, Attribut essentiel
de Dieu, tel qu'il fut connu dès les Premiers Ages : on s'habitua
donc à voir au Sommet des Obélisques, sur le Frontispice des

---

[1] *Essai sur les Hiéroglyphes Egyptiens*, Bordeaux, 1821. [2] *Chou-King*,
texte, p. 16. [3] Deguignes, *Dict.*, n° 5694. [4] Deguignes, *Dict.*, n° 2511.

Temples, le Veau où la Génisse, simple Epithète ici, simple Symbole d'*Unité*; mais les Traditions s'effacèrent, les Egyptiens comme les Indiens ne virent plus dans cet Hiéroglyphe, son Sens Antique et Véritable : ils firent un Dieu de ce Symbole, et la Race, devenue grossière alors, des Israélites, adora aussi ce Dieu Stupide dans le Désert [1].

Il en fut de même pour le Caractère *Temple* [2] ; le Symbole Primitif qui le représenta, fut un *Comble* ou un *Lieu d'Abri*, sous lequel on figura les *Prémices des Champs* ou des *Récoltes* qui, dès les premiers Temps, avoient été, par un Sentiment de Reconnaissance très naturel et fort louable, apportées dans les Temples Rustiques élevés au VRAI DIEU : mais ces Prémices des Champs s'étoient nommées, à l'accent près, du même Nom que le Chat, Animal Domestique, qui par Onomatopée s'appelloit alors *Miao* ; on put donc également, quand on ne voulut rendre que la Prononciation de ce Caractère *Temple* et non pas son Idée exacte, figurer à côté du Comble, Image fondamentale de ce Caractère, l'Animal Domestique et connu de tous qui portoit son nom ; on écrivoit ainsi le *Comble Miao*, on le distinguoit suffisamment des Combles ou Bâtisses d'un autre Nom, tels que les Palais, Halles. On peignoit aux yeux le *Temple*, *Edifice Sacré*, et pendant long-temps on n'y attacha pas d'autre Idée ; mais les Temps s'écoulèrent, la Race peu éclairée de CHAM, qui forma le Fonds de la Population

---

[1] Pour ce caractère *Un* et *Veau*, voyez Deguignes, *Dictionnaire*, n° 5694, Caractère *To* : avec *Homme*, il signifie Nourrir et Donner de la Vertu; avec *Parole*, Lire, Expliquer : on y trouve le Symbole de Sagesse, du nombre Quatre et de Choses Précieuses : il a ainsi rapport aux quatre *Védas* peut-être, Écrits dans l'origine sur des Peaux de Veau préparées ou du *Vélin*, comme le furent sans aucun doute les Premiers Livres, comme le fut aussi la *Bible*, comme l'étoient les Livres Américains, écrits sur des Peaux de Certains Cerfs. On voit combien de résultats peuvent se déduire de l'Analyse d'un seul Caractère et des Caractères Composés où il entre. [2] Deguignes, *Dictionnaire*, n° 2511, et n° 5780, 10402.

Egyptienne avant l'Invasion Phénicienne, prit ce Symbole à la Lettre, vit dans le Chat un Animal Sacré, et lors des temps florissants de Rome elle-même, à Alexandrie, devenue sous les Grecs le Siège des Sciences, un de ces Animaux tué excita une Sanglante Sédition.

On voit donc comment, et les plus Hautes Vérités, et les Fables les plus Monstrueuses, pouvoient être déduites de cette Ecriture Primitive; mais autant qu'une Etude Approfondie de plus de huit à neuf années a pu nous le montrer, la Vérité précéda ici l'erreur, et la Sagesse la Stupidité : les absurdités devinrent le partage de toute cette Population mélangée et corrompue de Babylone et de Memphis; le Véritable Sens de ces Antiques Symboles fut emporté dans la Haute-Asie; il s'y trouve encore conservé par un Peuple Immense qui en a perdu la lumière, séduit qu'il a été ou par l'Orgueil, qui n'existe pas seulement dans notre Europe, ou par les Superstitions de *Fo* que dans des Temps Modernes comparativement, il fut chercher dans l'Inde. Il en est des Livres de ce Peuple comme il en fut du *Pentateuque* des Samaritains; à demi-idolâtres, ils ont servi, en gardant ce Livre sacré, à établir son authenticité; tout nous assure qu'il en sera de même des Livres Antiques conservés au Japon et à la Chine.

C'est dans cette Antique Ecriture encore, que nous puiserions la Raison de Locutions qui se retrouvent dans diverses Langues; telles, que l'Hébreu *Corban* signifiant Sacrifice, où entre *Ban* qui signifie Fils, Locution qui se retrouve Peinte dans l'Ecriture Hiéroglyphique, où le Caractère Sacrifier [1] offre également, chose qui nous paroît fort remarquable, le Symbole

---

[1] Deguignes, *Dict.*, n° 84.

de *Fils* [1], et sur laquelle nous pourrions facilement nous étendre, mais où nous laissons méditer ceux qui ont lu avec fruit les *Soirées de St.-Pétersbourg* de l'Illustre M. de MAISTRE : telles que le Samscrit *Cilani*, Araignée, où entre *Cil*, traduit par *Sapientia*, mots qui ne sont tous deux que le Chinois même, où le Symbole Araignée [2], se compose de celui d'Insècte, et du Symbole de Sage, Sagesse, Savoir [3]; ce qui se retrouve également, mais transformé en Fable, chez les Grecs qui donnoient l'*Araignée* comme l'Insecte de *Minerve*, et ce qui lève en même temps une des prétendues objections; de M. DESHAUTERAYES contre M. DEGUIGNES le père (qui, comme nous, et souvent avec vérité, avoit vu d'Intimes Rapports entre l'Egypte et la Chine, mais n'avoit pas su les faire converger vers leur centre commun, l'Assyrie) : tels enfin que nos mots *Pécher*, Prendre du Poisson, et *Pécher*, Faire des Fautes, qui pareils tous les deux, et différents fort peu en latin, ne sont que la Traduction de ces deux Sens, qu'offre un Seul Hiéroglyphe Chinois [4], Traduction qu'on pourroit peut-être encore montrer en d'autres Langues.

C'est dans cette même Ecriture, que nous verrions également l'Origine de Fables qui ont fait le Tour du Globe, et qui ont donné lieu à des Usages plus ou moins Absurdes : ainsi des extrémités Ouest de *l'Afrique*, à celles de *l'Inde* et de la *Chine* vers l'Est, on voit le peuple faire du Bruit, pour chasser le *Dragon*, le *Monstre* qui dévore le Soleil (ou la Lune), lorsque l'un de ces deux Astres est Eclipsé : et le *Chou-king*, lui-même, par une Intercalation moderne peut-être, semble offrir des Traces de cette Superstition : rien n'étoit cependant plus éloigné des

[1] Deguignes, *Dict.*, no 2059. [2] *Ibid.*, no 9471. [3] *Ibid.*, no 6801.
[4] *Ibid.*, no 10975.

Idées des Premiers Inventeurs de l'Écriture Hiéroglyphique ; ils avoient observé que le Soleil dans son Mouvement Diurne et Apparent, s'approchoit tour à tour de chaque Tropique, en décrivant comme les *Orbes*, d'une Immense *Spirale*; comment rendre ce Mouvement en Hiéroglyphes, si ce n'est par le Symbole d'un *Vaste Serpent*, d'une espèce de Dragon ? aussi le Caractère Complexe formé de Serpent et Manger, signifioit Éclipse [1]; le Serpent peignant ici le lieu où le Soleil, dans sa Marche Oblique, disparoissoit, étoit comme Détruit, Dévoré ; car le Caractère *Soleil*, suivi de cet autre Caractère *Serpent dévorant*, signifioit *Eclipse de Soleil ;* et il en étoit de même pour la *Lune* : et en effet, bien loin d'avoir des Idées aussi Absurdes, les Premiers Hommes par des Combinaisons dont la Chine et l'Inde, nous ont conservé les Traces savoient les calculer, ces Éclipses ; et le *Chou-king*, lui-même, dans l'endroit dont nous avons parlé, cite des Astronomes qui furent Punis, pour n'avoir pas su prévenir d'avance, de l'arrivée d'un de ces Grands Phénomènes.

Enfin, c'est encore cette Ecriture Centrale et Unique, qui peut nous dire pourquoi, à la Chine comme en Égypte, un VASE, une espèce de COUPE [2], est dans ces deux contrées si éloignées, le Symbole de *Noble, Illustre*, l'Épithète de *Seigneur, Dame ;* ce qui a été constaté par M. Champollion en Égypte, où l'on voit une foule de Dieux fabuleux avoir cette Marque Honorifique ; ce qui se remarque également dans les Noms Chinois, des Dieux ou Demi-Dieux Japonnois que donne Kœmpfer (Pl. XVI, T. I) : ce qui existe peut-être dans le KER des Bretons [3]. Cette Coupe

1 Deguignes, *Dict.*, n° 9505. 2 *Ibid.*, n° 2199, et n° 11277, pour Coupe seule. 3 Nous devons cette Remarque ingénieuse à M. le comte Anat. de MONTESQUIOU, qui ne cultive pas seulement les Muses Gracieuses de Rome et de la Grèce, mais qui est très instruit dans d'autres Littératures. Nous sa-

s'étant prononcée comme chez nous, et comme tous nos mots Creux, Cave, Concave, par le K ou le C dur, remarque faite également et par M. Lacour et par M. Champollion, et ayant par suite donné ce son et cette lettre K; et ce qui ne s'explique, que par les Traditions encore vivantes à la Chine, qui nous disent que les Grands seuls, les Nobles et les Princes, avoient le Privilège d'offrir du Vin sur les Autels, dans cette Coupe devenue ainsi un Symbole naturel de Noblesse et d'Honneur.

Nous croyons donc ici, et trop longuement peut-être, avoir parcouru les différentes Conséquences que l'on put déduire de l'Écriture Primitive, et surtout montré sa Généralité; mais nous n'aurions pas donné une idée complète de ce Vaste Trésor d'Antiques et Utiles Traditions, si nous ne réfutions encore les Idées énoncées par FRÉRET, sur les Symboles Arbitraires et de Convention, qui auroient été introduits dans cette Écriture Figurative, pour rendre les idées morales et abstraites, suivant lui et d'autres Auteurs.

Cette sorte de Convention, entre tous les Individus d'un Peuple, nous avoit toujours paru impossible. L'usage seul, et un Usage fondé sur la Raison naturelle des choses, établit les Règles du Langage, comme celles de l'Écriture. Rien d'Arbitraire n'entre dans ce qui est adopté par toute une Nation, et à Fortiori par tous les Hommes qui, doués d'Intelligence l'appliquent bien ou mal, mais la manifestent même dans leurs erreurs.

Cependant nous l'avouerons, il étoit des Caractères, dont le Sens Abstrait ne pouvoit nous être expliqué, quelques efforts que nous fissions; tel celui de Vent [1], qui outre Vent, Tem-

---

vous que dans leur *Ker*, les Bretons voient Ville, Demeure, Château; mais le K Égyptien et Chinois offre, outre le Symbole de Coupe, celui de Tour, Mur de Ville également. [1] Deguignes, n° 12271, *Fong*, clef 182me.

pêtes, signifie encore *Mœurs des Rois, Doctrine, Exemples,*
Bonnes Mœurs ; les Commentateurs Chinois, nous disoient bien,
que de même que les Vents courbent les Épis, de même les
Mœurs doivent courber les Peuples sous le Joug des Lois, mais
nous voyons là, bien que le principe eh particulier fut vrai, une
Subtilité, plutôt qu'une Explication juste et satisfaisante, du
sens détourné de ce Symbole primitif, celui du Vent.

Ces Difficultés qui nous désespérèrent long-temps, furent enfin
levées par nous, et l'eussent été plutôt, si lisant les Excellents
Mémoires du P. CIBOT, comme nous l'avoit conseillé M. RÉ-
MUSAT, à qui nous en exprimons ici toute notre Reconnoissance, nous nous fussions appesantis davantage sur les Caractères dont parle le premier, sous le nom de *Caractères Histo-*
riques [1]. Nous y arrivâmes par nous-même, mais dès lors, le
pas franchi fut immense : nous vîmes toute cette Antique
Écriture sous un Jour tout Nouveau, et nous offrant les Conséquences les plus fécondes. Le Platon de nos jours, le Sage
M. de BONALD, a dit quelque part, et l'Axiome est resté, *la*
Littérature est l'Expression de la Société. Remontant à des
temps bien plus Anciens que ceux qu'avoit en vue cet Illustre
Auteur, nous pouvons dire, nos Études Actuelles nous le per-
mettent : « LA LITTÉRATURE HIÉROGLYPHIQUE, C'EST L'HIS-
TOIRE. » Une foule de Caractères en effet, équivalent pour nous,
aux *Médailles les plus Authentiques,* et nous nous flattons que
tous les Hommes instruits et Graves, les Seuls dont nous ambi-
tionnons le Suffrage, partageront incessamment notre Conviction
Profonde à cet égard.

Nous ne citerons qu'un seul de ces Caractères ici, mais ce Ca-

[1] *Mémoires concernant les Chinois,* T. IX, p. 311 ; *Essai sur l'Ecriture*
des Chinois, par le P. CIBOT.

ractère nous suffit : par des Considérations que nous ne dévelop-
pons pas encore, mais que saisiront facilement ceux qui voudront
méditer sur l'Antique Histoire conservée en Chine, nous avons
reconnu que le célèbre *Fo-hy*, dont on a fait ensuite un Empereur que certains auteurs placent en Tête de toute l'Histoire de
cet empire, ne pouvoit être autre que le Patriarche *Abel*, figuré
en Égypte, sous les mêmes Symboles qu'en Chine et que le
donne la Bible, c'est-à-dire, comme le *Premier des Pasteurs ;*
son Nom Fo [1], étant formé du Symbole *Homme* et de celui de
CHIEN, et signifiant *Soumission :* et la seconde Partie *Hy* [2],
offrant le Symbole d'*Agneaux*, de *Houlette*, de *Main* et de
Trône.

Or, dans cette Seconde Partie de ce Nom, entre le groupe
Y [3], qui n'en est qu'une abréviation ; et qui signifie JUSTE, *Pur,*
Convenable, Équitable, Il convient, Il faut, Caractère em-
ployé sans cesse dans cette Acception.

Nous retrouvions donc cette Sublime Épithète, que par une
Tradition dont le Fil certainement n'a jamais été rompu, les
Chrétiens dans le Sacrifice de la Messe, donnent encore à ABEL,
première image du MESSIE, du JUSTE par excellence ; quelle
Médaille, nous le demandons, pouvoit valoir cet Unique
Caractère enfin expliqué ? et quand ensuite nous trouvâmes que
l'autre nom de *Fo-hy,* étoit *Fong* ou le *Vent,* qui est le Type,
du Nom Hébreu de ce Patriarche, *Abel* ou *Ebel,* traduit en
Hébreu par *Vent, Souffle,* comme en Chinois l'est le mot
Fong, pouvions-nous trouver étrange que ce Caractère, au
Propre celui du *Vent,* signifiât ensuite au Moral, *Doctrine,*

[1] Deguignes, *Dict.*, n° 134 : ce Caractère diffère fort de celui de *Fo* ou de *Boudda*, moderne en Chine, figuré n° 172, et signifiant *Contraire, Opposé.*
[2] Deguignes, *idem*, n° 8213, et *voir* 5696 aussi, signifiant *Victime Pure.*
[3] Deguignes, *idem*, n° 492.

Exemples, *Mœurs*, *Bonnes-Mœurs*, que régla *Fo-hy*, nous dit la Chine, et dont Abel donna spécialement l'exemple, nous dit la Bible? Ne voyons-nous pas d'ailleurs, comment Sanchoniaton, à la tête du Fragment précieux qui nous reste de lui, met des Hommes portant le Nom de ce Météore du *Vent*, et où beaucoup trop légèrement, on n'a voulu voir que des Fables?

Il est donc arrivé dans l'Écriture Hiéroglyphique, (car nous pouvons citer beaucoup d'autres Caractères Historiques de la même Nature, Véritables Médailles des plus Antiques, et des plus Authentiques), ce qui arriva chez les Grecs et chez Nous, où les Mots de *Platonicien* et d'*Epicurien*, ne réveillent nullement les Idées d'*Epaules* et de *Secours*, que donneroient leur Sens Littéral, mais, seulement celles de toute une Doctrine, qu'un Livre seul pourroit expliquer, ou de Voluptés qu'une longue Phrase auroit de la peine à rendre : Précision, Vérité, et Clarté, se trouvoient à la fois, dans cette nouvelle Acception des Caractères, et l'on sent quel parti immense l'Antique Écriture Hiéroglyphique a pu en tirer.

Après ce coup d'œil rapide, mais qui nous a paru nécessaire sur *l'Écriture Hiéroglyphique*, encore Obscure et Confuse dans l'Esprit de plusieurs de ceux qui s'en occupent, nous arrivons enfin à l'Objet particulier de cet Essai, l'Origine des Chiffres et celle des Lettres.

Grace aux Indications de M. Rémusat, lorsque nous suivions son Cours avec tant d'intérêt, et aux Bontés de son Excellence, alors ministre de la marine, M. le Marquis de *Clermont-Tonnerre*, ancien Élève comme nous, d'une École justement Célèbre, l'Ecole Polytechnique, et qui s'est toujours montré le Protecteur obligeant de ses anciens Condisciples, au milieu desquels, il signaloit déja les Vertus qui le distinguent, nous avons été recommandé à M. le *Baron de Bougainville,* qui malgré les Soins d'un Commandement Honorable, a su dans l'Expédition qu'il vient de faire avec tant de Succès autour du Monde, nous procurer à l'aide du Savant M. *Lamiot* Missionnaire à Macao, des Livres que nous désirions depuis long-temps.

C'est dans ces Livres, Intitulés *Tchouen-tseu-goey,* et *Choue-wen,* que possède également la Bibliothèque du Roi : c'est dans le Magnifique Exemplaire (écrit en 32 sortes d'Écritures Hiéroglyphiques diverses) de *l'Éloge de* MOUKDEN, que possède cette Bibliothèque [1], et dans le Vaste *Recueil de Monuments Antiques du Cabinet Impérial de* PÉKIN, gravés et commentés, expliqués à *Pékin* même; Ouvrages précieux, tous également envoyés par les Pieux et Savants Missionnaires que nous possédions autrefois à la Cour de Pékin, et qui non contents de nous dresser des Cartes Exactes, de nous faire des observations Astronomiques très précises, de nous adresser des Plantes magnifiques ou salutaires, de nous faire connoître des Procédés pour les Arts non moins utiles, ont encore enrichi le Cabinet des Manuscrits du Roi de plus de *quatre mille Volumes* de Littérature et d'Histoire Hiéroglyphique, Volumes que l'on a pu à peine, parcourir jusqu'à ce jour; c'est dans ces Ouvrages Manuscrits, avons nous dit, que nous avons puisé les Bases principales du Vaste Travail, dont nous ne présentons ici, qu'une Esquisse; les Notes que nous avons recueillies, nous permettant de publier, un Volume sur Chaque Lettre, si ces Matières n'étoient pas elles-mêmes trop arides, et si on attachoit,

[1] *Voyez,* sur ces diverses Ecritures , l'*Eloge de la Ville de Moukden ,* composé dans le Style Antique par l'Empereur Célèbre KIEN-LONG, traduit par le savant P. *Amiot ,* et publié par M. Deguignes ; Paris, 1770. Plusieurs de ces Ecritures sont Fictives , nous le savons , mais beaucoup de Caractères antiques et réels y sont conservés.

une Importance assez grande aux Résultats que nous pouvons offrir.

Dans les Livres Imprimés, et qui sont encore en si petit nombre, sur les Anciens Caractères usités par les Chinois, caractères qui figuroient les Formes des Objets presque aussi exactement que les Hiéroglyphes Égyptiens Linéaires, nous avons consulté avec fruit, la *Lettre de Pékin* du P. AMIOT, insérée dans le tom. I, des *Mémoires in-4°, concernant les Chinois*, Lettre accompagnée d'un assez grand nombre de Planches. Le Mémoire de M. KLAPROTH [1], *sur les Caractères Primitifs des*

[1] Nous ne parlons pas de l'Inscription attribuée au *Grand Yu*, publiée en Allemand par le même auteur, et avec un Savant Commentaire, où il cherche à faire voir que beaucoup de Caractères de cette Inscription sont encore Reconnoissables : elle offre des Symboles trop confus, trop peu certains dans leur Interprétation, pour que nous ayons pu nous en servir ; et cependant, elle n'est dit-on, qu'une Retranscription de l'Inscription Primitive, faite à une époque assez peu ancienne : on peut voir aussi l'Ouvrage du Savant *Hager*, sur la même Inscription.

Nous ne doutons pas qu'on ne nous la cite, comme une objection contre nos idées sur *l'Histoire de la Chine*, où nous ne voyons pendant très long-temps que celle de l'Asie Centrale, et même de l'Egypte : nous savons tout ce que M. l'Abbé *Grosier* et d'autres, ont écrit contre M. de *Guignes* le fils à ce sujet ; nous n'en restons pas moins dans notre sentiment à cet égard, et quant à cette Inscription que l'on cite maintenant d'une manière si Victorieuse, nous nous bornons à dire, qu'elle a tout aussi bien avoir été tracée sur les Rochers de l'Euphrate ou de *l'Oxus* qu'en Chine, et avoir été copiée, et retranscrite ensuite dans le prétendu *Empire du milieu*: le docte P. Gaubil, écrivant à Pékin, et aussi habile pour le moins qu'aucun Sinologue Européen, n'en parle pas, dans le lieu même (page 188, de la *Chronol. Chin.*) où il discute quels sont les Anciens Monuments admissibles en Chine, *où il déclare qu'il n'en existe plus*, et où il cite cependant les Travaux du *Grand Yu* : et s'il avoit été aussi habile Ingénieur, qu'Astronome profond et versé dans la littérature chinoise, il n'eût même pas, non plus que ses estimables confrères, cités ces Travaux immenses du grand *Yu*, Travaux que tous les Ingénieurs de l'Europe, à la tête de la population immense de la Chine, auroient encore de la peine à effectuer en ce moment.

Nous ne considérons le chapitre *Yu-kong*, que comme une Intercalation évidente ; une imitation si l'on veut d'un ancien Chapitre du *Chou-king* ; et plus il s'adapte parfaitement à la Chine Actuelle, plus nous y voyons un ouvrage postérieur à l'Incendie des Livres, et composé au plutôt vers ces Temps voisins de notre ère, où la Grande Muraille s'achevoit, mais revêtu alors des formes antiques de l'Ancien Chapitre, qu'il remplaçoit : ceux qui l'envisagent autrement, ignorent les difficultés qu'offre un canal, même comme celui du Languedoc, qui n'est rien auprès des travaux *d'Yu*, faits cependant, prétend-t-on à l'époque, où l'on voit *Yu*, lui même, (page 35, 36 du *Chou-King*). Nous peindre « la Terre « ravagée par la grande Inondation, les Peuples troublés périssant dans les « Eaux, les Vivres manquant aux hommes, etc. etc. »

Chinois, inséré page 97, du tome II, de ses *Mémoires sur l'Asie*, nous a également été utile, par les Caractères bien gravés et accompagnés d'une courte et claire Explication qu'il y donne, d'après des Dictionnaires Antiques qu'il possède et qui nous manquent : et, sans partager l'injustice avec laquelle il traite en ce lieu même, le Célèbre Auteur de *l'Histoire des Huns*, le Savant et Vertueux M. de GUIGNES, *dont les Mémoires Précieux, restent encore malheureusement Inédits, malgré le but utile, qu'il avoit su leur donner* [1], nous avons également étudié avec fruit, les divers Morceaux insérés par ce Docte Académicien, dans les *Mémoires de l'Académie des Inscriptions et Belles-Lettres :* enfin, nous nous sommes servis essentiellement, pour les formes cursives des Caractères, de l'utile Supplément donné par M. Morisson à son *Dictionnaire Anglois-Chinois*; Supplément, où l'on peut puiser l'idée la plus exacte des formes antiques des caractères Chinois et de leur *Tachygraphie*, ces Caractères y étant tracés avec précision à *Macao* même, et par les ouvriers du Pays.

Ayant puisé à ces Sources Nouvelles et Authentiques, presque toutes inconnues aux Européens jusqu'à ce jour, et que nous a ouvertes le seul cours de M. Remusat, suivi pendant plusieurs années, il ne nous a donc pas été fort difficile, d'arriver à des Résultats, aussi Positifs qu'ils nous semblent Nouveaux : et voulant déduire nos Lettres et nos Chiffres Occidentaux, de ces Symboles conservés dans l'extrême Orient de l'Asie, c'est à des sources non moins Pures et non moins Authentiques que nous avons puisé ces Lettres et ces Chiffres : c'est dans *la nouvelle*

---

[1] *Voir* T. I, du *Voyage en Chine* de M. Deguignes le fils, la Liste considérable de ces Mémoires, dont le titre seul pique très fort la curiosité, et qu'on laissera peut-être se détruire, malgré le Travail pénible qu'ils ont dû coûter, et leur haute utilité.

diplomatique des SAVANTS BÉNÉDICTINS que nous avons trouvé de précieux Tableaux des Lettres Sémitiques, Runiques, Grecques, Etrusques; dans l'*Encyclopédie de Petity*, où existe T. II, Partie II, une Excellente Dissertation de Deshauterayes sur les Alphabets de tous les Peuples, dissertation très estimée du Savant M. de Sacy; et dans *la Grande Encyclopédie* où se trouve un autre Recueil Analogue.

Pour les Alphabets de l'Inde, sur lesquels aucun Travail un peu étendu ne nous est connu, nous nous sommes servis de quelques Notes que nous a remises le Savant M. de CHÉZY, Fondateur en France de l'Etude de Samscrit et du Bengali, et dont nous avons pendant quelques mois suivi le Cours Savant, où il enseigne à traduire ces *Feuilles des Indous* si long-temps fermées pour nous, mais non pas à mettre dans ces Traductions, ce Charme et ce Goût exquis qui se montrent dans ses moindres Imitations, et qui lui sont propres. Nous avons aussi consulté, avec fruit, le Travail neuf et important de MM. BURNOUF fils et LASSEN, sur le *Pali* et les Alphabets comparatifs de l'Inde qu'ils y présentent. Pour le Thibétain, le Japonnois, le Coréen, nous avons puisé dans les planches que M. REMUSAT doit joindre à ses *Recherches utiles sur les Langues Tartares*, et qu'il a bien voulu nous communiquer. Pour les Alphabets divers comparés, nous avons étudié le savant ouvrage de Buttner, qu'a bien voulu traduire de l'Allemand pour nous, et dans les dernières années de sa vie, feu M. le Vicomte Duparc, de si pure et si honorable mémoire. Enfin pour les Alphabets Egyptiens, nous avons consulté et M. le Docteur YOUNG; et M. GROTEFEND, dont l'Alphabet Démotique et Complet, est très Curieux, très authentique, et non moins Précieux que ses *Recherches sur les Lettres Cunéiformes*;

et M. CHAMPOLLION principalement , dont les quatre Alphabets , savoir en Hiéroglyphes Entiers , en Hiéroglyphes Linéaires , en Hiératique et en Démotique , nous ont presque constamment offert du Chinois presque tout pur ; la variété de symboles et d'Abréviations qu'ils présentent pour chaque Lettre , étant venue confirmer complètement la manière de voir que nous avions depuis plusieurs Années , sur l'Origine Commune et Unique des Lettres et des Chiffres , en apparence si Différents chez tous les Peuples. Nous croyons donc n'avoir rien négligé pour présenter un Travail Utile et des Tableaux Neufs et Complets : nous sollicitons l'indulgence et les avis des juges compétents pour corriger les fautes qui nous seront nécessairement échappées ; nous passons à notre Mémoire même.

ESSAI SUR L'ORIGINE

UNIQUE ET HIÉROGLYPHIQUE

DES CHIFFRES ET DES LETTRES

CHEZ TOUS LES PEUPLES.

Un des plus beaux génies dont l'Allemagne s'honore, Leibnitz, dans une de ses lettres (1), s'exprime ainsi : « *La recherche des Caractères Chinois me paroît d'au-* « *tant plus importante, que je m'imagine que si nous* « *pouvions découvrir leur Clef, nous trouverions quelque* « *chose qui serviroit à l'analyse des pensées.* »

On sait qu'il travailla sur les *Kouas* de Fo-Hy (2), première Écriture qu'eurent les hommes après les nœuds ou les *Quipos*, et que dans ces Lignes pleines et brisées image naturelle de ces Quipos, Lignes dont M. le baron de *Humboldt* a cru retrouver les traces dans l'Écriture hiéroglyphique des Mexicains (3); il

(1) P. 484, T. V, in-4°. Leibnitz. (2) Pl II du présent ouvrage, et *Chou-King*, Deguignes, pl. IV, p. 352, 353. (3) *Monuments Mexicains*, p. 271, T. II, in-8°.

1

voulut, bien qu'à tort, découvrir le système d'une
Arithmétique binaire (1).

On sait encore, qu'il ouvrit une correspondance
active avec le P. *Bouvet* et d'autres Missionnaires
savants qui exploroient la Chine à cette époque, et qu'il
étoit persuadé que les Livres antiques de l'Asie centrale
et de la Chaldée se retrouveroient dans ce vaste empire; supposant sans doute, qu'ils y seroient parvenus
peu à peu, et s'y seroient conservés d'autant plus in-
tacts, que depuis plus de deux mille ans, une immo-
bilité complète se remarque chez le Peuple singulier
de ces contrées.

Nous étions pénétré des mêmes idées, lorsque frappé
de l'analogie que nous offroit l'Ecriture complexe des
Briques et Monuments de *Babylone* (2) avec celle des
Chinois, nous nous décidâmes à suivre pendant plusieurs années le cours philosophique, et si éminemment
intéressant pour l'histoire de l'esprit humain, fondé

(1) *Mémoires de l'Académie des Sciences*, p. 87. 1703.
(2) *Voyage aux Ruines de Babylone*, par M. Rich, résident
anglois, traduit et commenté par Raymond. Didot, 1818, avec six
gravures. Hager, *Dissertation* (en anglois), *sur les Briques de Babylone*, offrant plusieurs empreintes de ces Briques : *Pierre* ou *Idole
Babylonienne*, rapportée par M. Michaux au cabinet des antiq.
du Roi, où Hager a vu un *Zodiaque* oriental, sur lequel il a donné
une Dissertation étendue, ainsi que nous nous proposons de le faire
nous-même. Le *Moniteur* du 3 décembre 1811, n° 337, contient
une excellente Analyse, par M. le comte Lanjuinais, de cette Dissertation d'Hager, dont nous avons dû la traduction, ainsi que
celle de la 1re, à la complaisance de MM. Gaultier de Claubry fils.

par S. M. Louis XVIII, et fait avec un succès toujours
croissant, au collège de France, par M. *Rémusat ;* et
nous ne tardâmes pas à nous en convaincre de plus
en plus, lorsqu'avec une vive satisfaction, nous re-
trouvâmes dans les constellations nombreuses de la
sphère chinoise ou japonoise, la plupart des constellations retracées dans le *planisphère de Dendera* et dans
les autres monuments *astronomico-égyptiens* (1).

Le premier, nous avons, dès l'année 1820, signalé
dans le sein même de l'Académie des Sciences, ces
rapprochements matériels et nombreux. Le docte M. *Delambre* en fut pleinement convaincu ; il disoit dans son
rapport fait en 1821 : « *Les preuves en ce genre nous*
« *paroissent si variées et si nombreuses, que lors même*
« *qu'on parviendroit à en écarter la plus grande partie,*
« *l'assertion de l'auteur n'en seroit pas moins démon-*
« *trée* (2). » Et depuis plus de cinq ans que ce rapport
a été lu, nous ne sachons pas que qui que ce soit ait
contesté les faits que nous avons publiés ; nous avons
vu au contraire des personnes disposées à s'en emparer.

Ce que nous fîmes alors pour les constellations,
dont cependant les noms et les figures arbitraires que

---

(1) *Aperçu de nos Mémoires sur l'Origine de la Sphère et sur
l'Age des Zodiaques égyptiens ;* Paris, 1821, chez Treuttel et
Wurtz. (2) *Rapport à l'Académie des Sciences sur les Mémoires*
inédits *de* M. de Paravey, T. VIII, p. 3, des *Nouvelles Annales
de Voyages,* et en outre p. 16, 17, 19.

l'on y suppose, pouvoient si facilement varier d'un peuple à l'autre, nous venons l'établir en ce moment, comme nous l'avions annoncé dès cette époque (1), pour la *figure des chiffres et des* LETTRES, et pour la manière de compter, employée par les peuples divers.

Par des preuves matérielles et positives, nous allons montrer que *les lettres de tous les peuples* et nos *chiffres arabes* actuels, supposés d'origine *persane* ou *indienne*, sont, aussi bien que les *chiffres romains*, aussi bien que les *minuscules numérales* dont *les Grecs* se servoient dans leur arithmétique sexagésimale, aussi bien enfin que les chiffres de tous les autres peuples (le plus souvent dérivés de leurs lettres), la transcription même, soit des *chiffres*, soit des *caractères hiéroglyphiques* et *cycliques*, encore actuellement employés sans cesse, comme ils le furent dès la plus haute antiquité (2) dans l'écriture savante et dans l'écriture cursive des *Japonois* et des *Chinois*.

Lorsqu'autrefois nous nous sommes élevé, avec quelque raison il semble, contre cette antiquité absurde et de plus de quinze mille ans, attribuée à des méthodes de calcul, à des monuments astronomiques,

---

(1) T. VIII, p. 2, des *Nouvelles Annales de Voyages*, rapport de M. Delambre, p. 59; *Analyse des Travaux de l'Académie des Sciences*, part. mathém., an 1820.   (2) P. 38, texte du *ChouKing*, sous Chun, 2255 avant J.-C., note 5; *Observ. Mathém.*, Souciet, p. 135, 137, texte du P. Gaubil.

qui, ainsi que nous l'avions démontré dès lors, se sont trouvés être du temps des empereurs romains (1), nous n'avions pas prétendu, en effet, nier que, dès les premières époques de l'existence de l'homme sur la terre, on ne pût trouver des traces positives de ces mêmes théories qui maintenant servent de fondement à nos sciences et à toutes nos connaissances.

Dans le sein même de l'*Académie des Sciences*, nous avions admis la fixation des solstices et des équinoxes, telle qu'elle est établie dans le chapitre *Yao-Tien* du *Chou-King*, et qu'elle a été calculée par le savant père *Gaubil* (2); et, avec ce même coup-d'œil pénétrant qui lui a fait découvrir tant d'autres vérités, M. le baron *Cuvier* a parfaitement jugé, nonobstant l'opinion contraire des missionnaires, et même du sinologue habile M. J. *Klaproth*, que le déluge arrivé vers cette même époque, étoit celui de *Noé*, tel que le rapporte *Moïse* (3).

Nous remontions donc ainsi à plus de *deux mille trois cents ans avant notre ère* ; et, comme nous ne sommes pas de ceux qui supposent que l'homme, de

(1) Pag. xliii de l'*Aperçu de nos Mémoires*, cité ci-avant, 1821, et p. 35, 36 du rapport de M. Delambre, T. VIII des *Nouvelles Annales de Voyages*. (2) *Mémoires* inédits encore *sur les principales fixations de Solstices et d'Equinoxes chez tous les peuples*, et cités par M. le baron Cuvier dans son éloquent et profond discours sur l'histoire de la terre. (3) M. Cuvier, *Discours sur la Théorie de la terre*, p. cii, ciii, édit. in-4°.

l'état sauvage, seroit passé, par une longue suite de siècles, à l'état civilisé, nous ne voyons aucune espèce d'inconvénient à admettre les calculs convenablement modifiés de *Manéthon*, ou les recherches savantes de M. le baron *Fourier*; si elles se renferment, comme il l'annonce, dans des périodes qui ne dépassent pas quatre à cinq mille ans avant notre ère (périodes les seules qu'il ait jamais admises, nous a-t-il assuré, bien que l'on ait altéré une de ses lettres, pour lui faire parler d'une antiquité bien plus reculée); et si elles se bornent à des fixations d'époques astronomiques, ou de méthodes de calcul, qui ont pu tout aussi bien s'établir avant le déluge qu'après ce grand évènement.

En supposant qu'elles soient renfermées dans ces limites, et qu'elles n'établissent que de simples dates de calculs, et non de monuments encore subsistants, nous pouvons même donner à ces recherches de M. *Fourier*, comme à celles que fit avant lui l'ingénieux *Bailly*, une nouvelle évidence; car ces Cycles remarquables de la *Chine* et du *Thibet*, dont nous avons parlé, et dont M. de *Humbolt* s'est servi si habilement, pour établir, d'une manière mathématique et positive, l'origine *asiatique* des peuples *américains*; ces Cycles, où depuis plus de huit ans nous voyons l'origine commune de nos chiffres et de nos lettres, idées que nous avions dès lors soumises à plusieurs personnes éclairées (1); nous

_____

(1) M. le chevalier Dubuat, chef de bataillon du génie, fils du

avons les plus fortes raisons de les croire *antidiluviens.*
Celui des douze animaux, par exemple, offrant au milieu de tous les animaux domestiques et sauvages qui
se voient dans nos climats, et dont il est formé en
grande partie, le *tigre*, le *dragon* et le *cynocéphale* qui
maintenant ne se rencontrent plus guère avec eux, et
qui, à une époque très reculée, et dans un autre état
de la terre, pouvoient peut-être exister dans les mêmes
lieux; et présentant en outre le *dragon* principalement
qui joue un si grand rôle dans les traditions et les emblêmes de la Chine, et *dont l'existence antique semble se*
confirmer maintenant (1); ce qui nous reporte peut-être
avant le déluge de *Moïse :* comme aussi la combinaison intime dans tous les mots, dans les formes grammaticales et les nombres des divers peuples, des caractères déduits des autres cycles, semble, non moins
que les traditions qui existent encore sur leur origine,
les placer dans des temps voisins de la création de
l'homme.

Nous voulons parler ici des deux cycles, si célèbres

---

savant mathématicien de ce nom, et lui-même savant très distingué,
et dont nous fûmes le collègue pendant six ans à l'état-major de l'E-
cole Polytechnique; M. de Coriolis, ingénieur des ponts et chaussées, et parent de l'auteur de ce nom, M. le marquis de Coriolis
d'Espinousse; M. de Chancel, procureur du Roi à Tours, qui nous
a souvent aidé dans nos recherches.

(1) Nouvelle édition du *Discours sur la Théorie de la Terre,* de
M. le baron Cuvier, et *Analyse des Travaux de l'Académie des*
Sciences, Sciences physiques. 1824, p. 20.

encore actuellement dans la Haute-Asie, des dix jours ou *Jy* (1), et des douze heures ou *Chin* (2); autrement appelés les dix *Kans* (3) ou troncs, et les douze *Tchy* (4) ou branches (5).

Par la combinaison de leurs caractères deux à deux, et par un artifice dont le mystère est très simple, les premiers hommes en ont formé un Cycle multiple de *soixante caractères :* Cycle usité long-temps à *Babylone,* où il donna les *sosos* et *néros* cités par *Bérose* ; indiqué dans l'*inscription de Rosette* en *Egypte*, où il est question de périodes de 5o ans ou demi-cycles; encore en usage aujourd'hui, au lieu de nos Siècles, dans l'*Inde* et dans toute la *Haute-Asie ;* retrouvé, bien que modifié, chez les *Muyscas* de l'*Amérique du sud* par M. de *Humbolt*, et dont les traces antiques se montrent également, soit dans l'arithmétique sexagésimale des Grecs et de *Ptolémée*, soit dans notre division actuelle du degré en 6o', 6o'', 6o''', etc.

---

(1) N° 3864, *Dict. Chinois* de M. Deguignes le fils, clef 72, celle du soleil. (2) N° 10987, clef 161. (3) N° 2485, clef 51.

(4) N° 4140, clef 75.

(5) *Voyez* sur ces deux cycles et leur combinaison, pour en former le cycle de 6o, et aussi sur les autres cycles qui leur correspondent, la *Grammaire Chinoise* de M. Rémusat, p. 51, 52; l'*Histoire des Huns*, de Deguignes, T. I, pag. xlvj et pag. xlvij; Kœmpfer, *Histoire du Japon*, pl. XV, et pag. 135, 136 ; les *Mémoires concernant les Chinois*, T. XIII, p. 23o à 233, P. Amiot; les *Observat. mathémat.* du P. Souçiet, de la Compagnie de Jésus, T. II, p. 135, 137, 174, 182, 184.

Mais une autre combinaison de ces deux cycles des *dix jours* et des *douze heures* (auxquels ont répondu , comme équivalents, les deux cycles des *dix nombres* et des *douze animaux*), et d'autres cycles encore, étoit également possible : on pouvoit se borner à les ajouter l'un à l'autre. On obtenoit ainsi une *série de vingt-deux Caractères*, c'est-à-dire le nombre même des lettres des alphabets *Sémitiques*, alphabets regardés comme les types de tous les autres par beaucoup de doctes auteurs; et notre surprise n'a pas été peu considérable, lorsque plaçant les douze caractères du cycle des heures, en avant de ceux du cycle des dix jours (1), nous avons vu (chacun de ces vingt-deux caractères, ayant eu diverses formes anciennes dont on a les tableaux), que non-seulement l'alphabet *phénicien* ou *samaritain*, comme celui des *Chaldéens* ou des *Hébreux*, celui des *chrétiens de Saint-Jean* ou des *Sabéens de Bassora*, s'en déduisoit facilement; mais encore que nos *lettres latines* ou *romaines*, celles du Nord appelées *runiques*, celles des *Grecs*, des *Coptes*, et des *Illyriens* (qu'à tort on suppose modernes), et celles même des anciens *Egyptiens*, telles que les donne actuellement M. *Champollion le jeune* (2), (et avant lui MM. *Gro-*

---

(1) *Voir* pl. II du présent ouvrage, pour l'ensemble des deux cycles, et pl. III, IV, V, VI, pour les détails comparatifs.

(2) *Précis du Système hiéroglyphique des anciens Egyptiens.* Paris, 1824.

tefend (1), le docteur *Young* (2), et M. *Lacour de Bordeaux* (3), y puisoient également leur origine, aussi bien que nos chiffres divers, qui ne sont en effet (comme le supposent depuis long-temps tous les bons esprits) qu'une modification, une forme cursive ou abrégée des caractères alphabétiques.

Et cette addition des deux Cycles, nous l'avions imaginée de nous-même il y a déja plusieurs années (nous venons de le dire), lorsque ayant reçu récemment de la Chine, également par les soins de M. le baron de *Bougainville* et ceux de M. *Lamiot,* missionnaire habile et plein de zèle qui habite Macao, l'antique dictionnaire *Choue-wen*, en 540 clefs, c'est-à-dire le premier dictionnaire par *clefs* qu'eurent les *Chinois,* et qui remonte, pour sa première édition, à l'an 89 avant notre ère ; M. *Brosset,* jeune sinologue d'un grand mérite, qui nous a souvent aidé dans nos recherches, nous y a fait remarquer, en voulant bien faire pour nous la traduction des sens subtils, qu'on leur attribuoit dès lors, que les vingt - deux dernières clefs de ce curieux

---

(1) T. III, pl. 67, p. 84, *Mines de l'Orient,* et T. IV, p. 245.

(2) *Supplément à l'Encyclopédie d'Edimbourg,* que l'auteur eut la bonté de nous adresser vers l'année 1822, en réponse à une lettre où nous lui avions exposé quelques-unes de nos idées sur l'origine des alphabets. (3) *Essai sur les Hiéroglyphes égyptiens ;* Bordeaux, 1811, par M. P. Lacour, ouvrage que l'auteur nous a remis à notre passage à Bordeaux.

monument de l'écriture hiéroglyphique ,₋étoient ces
mêmes caractères des deux cycles des *heures* et des
jours, mis à la suite l'un de l'autre, et déja ici expliqués
d'une manière absurde et mystique, mais qui importoit
peu à nos travaux comparatifs, et relatifs essentiellement aux formes de ces vingt-deux caractères.

Retrouver, en les cherchant péniblement, quelques-
uns de nos caractères alphabétiques ou de nos chiffres
dans les *vingt à trente mille* caractères hiéroglyphiques
antiques et modernes, dont se compose le manuel de
l'écriture en *Chine* et dans les états voisins ; c'est ce
qu'a fait déja le savant M. *Deguignes* le père (1), et ce
qui a cependant convaincu bien peu de personnes, des
rapports, quoique vrais, qu'il vouloit établir entre les
Egytiens et les *Chinois :* mais découvrir comme nous
le fîmes alors, non-seulement les *formes* des lettres des
principaux alphabets, ou des séries diverses de chiffres,
dans ce Cycle de 22 caractères, et aussi les trouver

_____

(1) T. **XXXIV** et autres, *Mémoires de l'Académie des Inscriptions*, où il a le tort seulement de croire qu'avec les lettres alphabétiques on a composé les groupes hiéroglyphiques, tandis que c'est
l'inverse qui a eu lieu très évidemment ; ses observations d'ailleurs
étant vraies et remplies de science, sa distinction des divers symboles pour la lettre *caf* étant très fondée, par exemple ; et M. *Seyf-
farth*, dont nous ne connoissons pas les écrits, paroissant y avoir
puisé sa méthode de lire les hiéroglyphes qui nous semble erro-
née, d'après ce que nous en savons, et par la même cause qui égara
M. Deguignes. Voir *Bulletin des Sciences hist.* de M. de Ferussac,
mai 1826, n° 492.

dans le *rang* même, que leur valeur numérique leur assigne, et pour quelques-unes de ces lettres avec leur *signification*, et avec le *son* qu'outre leur nom nous leur attribuons encore, ou qu'on leur donnoit dans l'antiquité; c'étoit certes un fait remarquable, un fait matériel et positif, qui rattachoit à une antique origine que soupçonna Bailly (1), et qui se démontrera chaque jour de plus en plus, tous les peuples, toutes les écritures, toutes les numérations connues; et cette origine antique, hiéroglyphique et commune à tous les peuples, nous ne pouvons la placer qu'avant le déluge ; car des traditions sacrées nous apprennent qu'alors en effet les hommes n'échappèrent à ce cataclysme que sur un seul point, et suivant *Bérose*, *Manéthon* et *Josephe*, ils échappèrent, soit avec leurs livres cachés à *Sippara*, ville du soleil, nous dit Bérose (2); soit avec ces colonnes, ou stèles de la terre sériadique, gravées en hiéroglyphes par Thoyth, le premier Hermès, et traduite après le déluge en langue, ou plutôt en lettres grecques, par Agathodœmon, ou *Tat* le deuxième Hermès, et déposées dans le lieu le plus secret des temples, nous dit dans Eusèbe (3), Manéthon, qui se vantoit d'avoir

---

(1) *Lettres sur les Sciences et sur l'Atlantide*, adressées à M. de Voltaire. (2) *Voyez* le Résumé de cet auteur et autres cités par *Syncelle*, p. 153, T. I, *Histoire Universelle*, par une société de gens de lettres. (3) Euseb., *Chron. Ed. Scal.* Amsterd., 1658, p. 6.

puisé dans ces stèles antiques, ses livres et sa chronologie ; soit enfin avec ces colonnes élevées par les fils
de Seth avant le déluge, suivant Josephe (1), et où ils
avoient gravé les connoissances dès lors acquises ; colonnes ou stèles plutôt, qui, suivant lui, de son temps
se voyoient encore en *Syrie*, et où ils avoient sans doute
écrit sous une forme hiéroglyphique, et avec ces lettres
assyriennes qui étoient de toute antiquité, nous dit
Pline (2).

Or, ce fut cette forme hiéroglyphique, forme que
nous commençons à peine à pénétrer, soit en Egypte,
soit dans la Haute-Asie, qui porta le docte M. *Delambre*
à établir que les Grecs avoient tout créé, et à une époque comparativement moderne ; tandis qu'il seroit plus
exact de dire qu'ils avoient recréé, sous une forme alphabétique et moderne, ce qui existoit déja depuis plus
de 3,000 ans, sous une forme hiéroglyphique et primitive. Explication toute naturelle et toute simple, et qui
concilieroit, ce nous semble, les assertions de MM. *Fourier* et *de la Place*, avec celles tout opposées de feu
M. *Delambre*.

Avant d'avoir fait les études pénibles et les méditations profondes auxquelles nous nous sommes livré depuis plusieurs années, nous penchions, nous l'avouerons, pour les idées de M. *Delambre* ; mais maintenant,

(1) Josephe, *Histoire des Juifs*, ch. II, liv. I.   (2) Pline, liv.
VII, ch. 56.

plus éclairé, embrassant d'une manière plus complète
le vaste ensemble de la haute antiquité, nous admet-
tons toutes les conséquences déduites d'une manière si
ngénieuse par *Bailly*, et qui n'ont pas été détruites par
es calculs de *Bentley*, ou de M. *Delambre* (1); et dans
ce peuple inconnu, qu'il plaçoit vers le Nord, où, suivant les vastes et utiles recherches de M. Rémusat (2),
rien ne montre ses traces; peuple qu'il suppose inventeur de toutes les sciences et de tous les arts; nous
voyons les hommes d'avant le déluge, ces patriarches
antiques qui, pour ces mêmes inventions, ont été déifiés
ensuite sur toute la terre; nous croyons y trouver également
ment ce peuple submergé de l'*Atlantide*, dont nous parle
le divin *Platon*, lui attribuant une civilisation déja très
avancée; et ici nous pouvons citer *Bossuet*, qui, dans
la première époque de son admirable ouvrage sur l'histoire universelle, nous dit : « *Avec le genre humain,*
« *Noé conserva les arts, tant ceux qui servent de fonde-*
« *ment à la vie humaine, et que les hommes savoient*
« *dès leur origine, que ceux qu'ils avoient inventés de-*
« *puis. Ces premiers arts que les hommes apprirent d'a-*
« *bord, et apparemment de leur Créateur, sont l'agricul-*
« *ture, l'art pastoral, celui de se vêtir, et peut-être celui*
« *de se loger; aussi ne voyons-nous pas le commencement*

(1) Delambre, *Histoire de l'Astronomie ancienne*, T. 1.
(2) P. 393, T. I, *Recherches sur les Langues tartares.*

« *de ces arts en Orient, vers les lieux d'où le genre hu-*
« *main s'est répandu.* »

C'est dans ces arts fort simples en effet, que nous voyons l'origine des *Caractères Cycliques* qui nous occupent, lorsque (comme nous allons le faire), nous examinons le Sens et la signification qui leur sont donnés, et qui sont d'accord avec les Formes diverses que l'on a attribuées à chacun d'eux, suivant l'aspect sous lequel il a été considéré.

Ainsi, dans le Cycle des 12 Heures, la première Heure (1), qui est celle de minuit, qui répond à l'*Aleph* des Hébreux (signif. institution et docteur), à l'*as* des Russes et des Illyriens, à notre lettre A, et au Chiffre UN à tête arrondie dans les Série des Chiffres orientaux, ou aussi à l'*as* unité de mesure des Romains (2), offre ici sous la prononciation *tse, tsaï* et *tsa*, qui a pu donner le Son *as*, outre l'idée de *docteur*, de *lettré*, *disciple*, qui entre par exemple, dans le nom de *Fou-tse* ou *Magister*, l'idée plus spéciale de *germe, enfant naissant, fœtus, têtard de grenouille*, enfin de tout ce qui commence à naître, à exister ; de sorte qu'elle rappelle évidemment, la célèbre inscription de *Saïs*, où l'on voyoit *un enfant*, un vieillard, un épervier, un poisson, un hippopotame, et que l'on interprétoit : « *Vous qui entrez dans ce monde,*
« *ou qui en sortez*, (sachez) *que Dieu hait l'impu-*
« *dence* (3). »

---

(1) *Dictionnaire* de Deguignes, n° 2059, clef 39ᵉ; M. Morisson, *Dictionnaire Tonique*, n° 11233, au son *Tsze*, et notre pl. III.

(2) On traduit aussi *Aleph* par Chef, Premier, et par Bœuf, et le Caractère *Tse*, celui de la 1ʳᵉ heure, entre en effet dans le Composé *Tse*, n° 5664, *Dict.* de Deguignes, traduit par *Vacca*.

(3) Plutarque, *de Isid. et Osirid.*, § XXIX.

La 2ᶜ Heure (1), de une à trois du matin, Heure où
le Repos de la nature et des hommes continuoit à sub-
sister, où l'on se trouvoit encore renfermé dans les
Maisons, dans les réduits les plus secrets, ou sous les
Tentes mobiles des peuples Nomades, offre nous dit-
on (2), une Main qui se ferme, qui saisit quelque chose ;
une Arme ; un Enfant qui vient de naître et qui élève les
mains ; le nom d'une Divinité ; et suivant l'*Encyclopédie
Japonnoise*, des Mains renfermées dans des Menottes,
des Idées de Jonction, Union, Prison, et ses formes
antiques la montrent semblable à un Caractère, que le
P. Amiot (3) traduit par Main gauche, Caractère dont
un autre plus moderne (4) prononcé *Pa*, ne se trouve
qu'une modification, aussi bien que son abrégé Pa (5),
puisqu'il signifie *Prendre, Saisir,* c'est-à-dire, *fermer la
main* pour retenir, ce qui est rendu par l'image même
qu'il offre encore actuellement : mais Diodore (liv. III),
nous apprend qu'en *Ethiopie*, la *Main Gauche fermée*
étoit l'image d'une *Possession tranquille*, et suivant *Horus-apollon*, la Main étoit le Symbole de ce qui *bâtit ;* les
Idées de Maison, de Repos de la nuit, de Lieu secret,
qu'offre le Nom du B, ou du *Beth* Hébreu, dans toutes
les Langues Sémitiques, se trouvent donc justifiées ici,
si cette Lettre, qui en a la forme d'ailleurs, dérive de
ces Hiéroglyphes qui entrent dans la Clef des Villes, des
Bourgs, comme aussi les idées de *Ben,* Fils, enfant né.

---

(1) Deguignes, n° 13, clef 1 ; et Morrisson, n° 1432, au son
Chow, et pl. III de cet ouvrage. (2) Morrisson, *ibid.* (3) *Mém.
concernant les Chinois,* T. I, pl. VIII, lig. 7. (4) Deguignes,
Dict., n° 3267. (5) Deguignes, *idem,* n° 2397.

La 3ᵉ heure (1), qui répond de trois à cinq du matin,
étoit celle du *lever* et de la *prière du matin*, en Orient ;
soit dans les caravanes, soit dans les cités et les palais
des grands : aussi, elle se traduit par *revereri*, *timor
reverens, collega ;* mais l'*Encyclopédie japonoise* y voit
un *vase de cuivre à trois pieds*, allant sur le feu, servant dans les armées à diriger la marche pendant la
nuit, ce qui se faisoit sans doute également dans les caravanes. Ce vase sacré, trépied mystique, ou symbole
du nombre trois, pouvoit donc encore servir à appeler
à la 1ʳᵉ prière (dite *salath-subhh* chez les Musulmans,
qui est la 1ʳᵉ des cinq heures canoniques, et qui précède
le lever du soleil, lever qui n'a lieu ici, en effet, que
dans la 4ᵉ heure); or, la 3ᵉ lettre chaldéenne, le *Ghimel*,
outre les idées de *chameau* et de *congrégation, rassemblement*, qu'elle offre, se traduit en hébreu par *retri-
butio , remuneratio*, et parfois offre l'idée de *provocare;*
et en araLe , *excoluit* (pietatem) est un des sens de ses
composés, outre les idées de *grâce, faveur, beauté*, etc.
On voit donc que toutes ces idées tiennent de très près
à celles que présente la 3ᵉ heure, heure de la prière qui
précède toujours le départ des caravanes, et qui exige
le rassemblement, l'aggrégation de ceux qui les composent, les soins donnés à leurs chameaux, etc., etc. : et
en outre , le 3ᵉ K̄ *an*, ou jour qui correspond à cette 3ᵉ

---

(1) Deguignes , *Dictionnaire*, nº 2146, clef 40; et Morisson,
Dictionnaire Tonique, nº 12296, son *yin;* et pl. III de cet ouv.

2

heure, offre également un *Vase* contenant du feu , une espèce de trépied d'une autre forme.

La 4ᵉ heure (1), qui est l'heure où le soleil se lève , qui répond de cinq à sept du matin, étoit par conséquent celle de l'ouverture des portes du jour, des portes des villes, des maisons, des pâturages, qui, dans tout l'Orient, s'ouvrent encore au lever du soleil ; aussi offre-t-elle pour symbole, suivant l'*Encyclopédie japonoise* , des *Portes* à *battants ouverts, opposés*: aussi le *Daleth*, 4ᵉ lettre de l'alphabet hébreu ou chaldéen, est-il littéralement traduit par *ostium, janua, porta, fores*, et encore par une idée toute voisine, par *folium*, *pagina* libri ; et le *dd* Runique, le *d* Illyrien offrent exactement la forme du caractère des *portes à deux battants* de l'écriture hiéroglyphique conservée en Chine , soit que ces portes soient représentées entr'ouvertes seulement, ou entièrement ouvertes, et leurs battants tournés en dehors ; et l'on voit nos D divers, comme le *Delta* grec, comme le *Daleth* hébreu lui-même, n'en être que des abréviations toutes naturelles ; de sorte que l'on a ici identité dans la forme ou la figure, dans la signification, dans le rang. En outre, cette lettre *d* ou *t* étant la marque du féminin en Copte, et même en *Hébreu* pour le *Thau*, ce que les Hiéroglyphes égyptiens marquoient par un œuf, deux Gouttes ajoutées dans le caractère de cette

_____

(1) Deguignes, n° 1030, clef 26 (couper , diviser , renfermer); et Morisson, n° 7541, son *maou ;* et pl, III, ici.

4ᵉ heure lui font signifier *œuf*, ce qui est un rapport
remarquable avec l'Egypte; et le 4ᵉ *Kan*, ou jour qui
répond à cette 4ᵉ heure, signifiant *porter*, *supporter*,
et offrant comme le jambage d'une porte (1) ou un T,
on voit comment ces deux Cycles se sont sans cesse *pé-
nétrés*.

La 5ᵉ heure (2), de 7 à 9 du matin, se traduit par
*hora, dies, annus, nomen stellæ, sol et luna in con-
junctione, cœli pars quæ est sideribus vacua;* et dans
l'*Encyclopédie Japonoise*, par Soleil, Temps; le soleil,
la lune, les planètes, les astres qui sont, dit-elle, les
Figures du Ciel : et, en effet, alors le Soleil s'élevant
sensiblement au-dessus de l'horizon, se montrait dans
tout son éclat, et pouvoit déja servir à mesurer les
heures; il venoit donner de nouveau l'*être*, l'*existence* et
la *vie* à toute la nature : il dut être bientôt l'objet d'un
culte, et ce fut sans doute pour éviter cette idolâtrie,
que dans l'alphabet Sémitique, on prit pour nom de la
5ᵉ lettre le *he*, c'est-à-dire un mot qui n'exprimoit plus
ces idées superstitieuses, et qui se rend seulement par
en, ecce; mais nous retrouverons la trace de ces idées
en Amérique, comme on le verra plus loin : nous observerons seulement que notre E romain se trouve entièrement dans la partie supérieure de cette 5ᵉ heure,
et que dans ses formes antiques, elle offre outre une

---

(1) Deguignes, *ibid.* n° 4078, clef 75. (2) *Dictionnaire* de Deguignes, n° 10987, clef 161; et Morisson, n° 9267, son *shin*, traduit par *to excite motion;* et pl. III de cet ouvrage.

Bouche, un *Vase* qui sans doute peint celui dans lequel
le laboureur ou le pâtre recevoit alors ses aliments du
matin : de sorte que les idées d'*être* et de *manger*, qui
se tiennent et sont exprimées par le même mot dans
tant de langues, devoient se rattacher à cette 5ᵉ heure,
à cette lettre E, comme cela a lieu en effet ; et dans la
seconde des deux séries dont se forme l'alphabet hébreu, le *Phe* qui est la 5ᵉ lettre après le *Mim*, est
encore traduit par Bouche, qui se retrouve ici dans
la 5ᵉ heure.

La 6ᵉ heure (1), de 9 à 11, celle du moment des plus
grands efforts du laboureur, est rendue par un Caractère
où actuellement on a vu l'image du *Serpent* (souvent
emblême du mal, de la peine en effet), et qui, d'après
d'autres formes, devoit offrir les idées de Crochet, de Soc
de charrue, de *Houe* (2) ; ce qui est précisément le sens
du *Waou*, 6ᵉ lettre chaldéenne : mais sous sa forme de
Serpent, il a plus particulièrement donné le *So*, 6ᵉ lettre
des Coptes, et sans doute aussi l'épisémon *Bau;* car ses
formes anciennes le rendent identique avec un autre
caractère prononcé *pa* (3), et que le *Choue-wen* donne
comme variante du 6ᵉ jour, ou 6ᵉ kan, au lieu du caractère *Ky* (4) usité ordinairement, qui signifie *soi-même*,
et dont les caractères *sse* ou *pa* ne sont que des modi-
fications; et, dans les langues Sémitiques, il correspond au

(1) *Dictionnaire* de Deguignes, n° 2396, clef 49; et Morisson ,
n° 9638, son *sze ;* et pl. III de cet ouvr. (2) Deguignes, n° 8307,
et n° 8314 *Ssé, occa, vomer.* (3) Deguignes, n° 2397, clef 49 .
ou *soi-même* (pronom). (4) Deguignes, n° 2394, clef 49.

Waou, affixe de la 3ᵉ personne; il nous rappelle qu'en Égyptien aussi, suivant M. Champollion, le *serpent à cornes étendu* signifie *il, lui,* et répond au *Fey* des Coptes ou à notre *F,* qui, dans l'alphabet latin, remplace le *Waou* sémitique, et dérive aussi de cette sixième heure celle du *Serpent*.

La 7ᵉ heure (1) répond à celle de Midi, celle où le soleil atteint le maximum de sa hauteur et de la chaleur qu'il répand; et, suivant l'*Encyclopédie Japonoise*, faite autrefois avec le caractère arbre ou bois, elle offre les idées de *pilon,* et par suite de Repas préparé, de grains pilés alors dans les mortiers, pour le dîner qui va se faire dans l'heure suivante : elle se fait aussi avec le caractère *Toit* surmontant le symbole 7. Les idées de repos et de joie s'y rattachoient donc naturellement, comme aussi celles de Division du jour, du cadran en deux parties égales, par l'aiguille ou la flèche, le style indicateur : aussi le *Zaïn,* qui est la 7ᵉ lettre chaldéenne, offre-t-il les idées d'arme, de flèche, de division; et le nombre sept prononcé *tsy* qu'on voit dans cette heure, entre-t-il en chinois dans le caractère *Tsy* (2), signifiant *couper, diviser, secare,* comme répondant à cette 7ᵉ heure, celle du Jour divisé en ses deux parties naturelles: les idées mystiques attribuées au nombre *sept* n'étant pas non plus étrangères à cette 7ᵉ heure, comme nous le verrons plus loin, et le 7ᵉ *Kan* ou Jour offrant aussi le symbole *Armes*.

_____

(1) Deguignes, n° 999, clef 24, de la *perfection ;* et Morisson, n° 11753, son *woo ;* et pl. IV, de cet ouvr.   (2) N° 746, clef 18.

La 8ᵉ heure (1) traduite par *pas encore, non, ne point*, offre le caractère des *Saveurs*, sous la figure d'un Arbre à fruits couronné d'un feuillage épais; mais depuis, pour distinguer le caractère des saveurs de celui d'*ombrage, feuillage, pousse des arbres* que le dictionnaire *Choue-wen* attribue seulement à cette 8ᵉ heure, on y a joint la clef de la *bouche* (2), dit l'*Encyclopédie*. Nous sommes donc encore ainsi amené aux idées de Repas, de dîner et de sieste, repos qui se prenoit ensuite sous l'ombrage des Dattiers, des Arbres, des Haies : aussi le caractère des Saveurs signifie-t-il encore beauté, Divertissement; aussi *Gesenius* voit-il dans le *Kheth*, 8ᵉ lettre chaldéenne, ces idées de *haie*, Enclos, et celle de *vie*; et le H Runique offre-t-il le caractère Arbre, identique avec celui des formes antiques de la 8ᵉ heure du Cycle; et dans M. *Champollion* voit-on en Egyptien, pour le *Khet* ou le H, le symbole *de feuilles*, qui se retrouve exactement le même dans le Chinois, et marqué par trois traits; en outre, le 8ᵉ *Kan*, ou jour, modification de cette 8ᵉ heure, offre aussi les idées de *Saveur*, saveur apre, les deux Cycles étant comme un dédoublement l'un de l'autre.

La 9ᵉ heure (3) répondant de trois à cinq de l'après-midi, est expliquée par les idées d'*étendre*, de *redresser*,

---

(1) Deguignes, nᵒ 4061, clef 75, celle des arbres; et Morisson, nᵒ 11637, son *we*. (2) Deguignes, nᵒ 1191, clef 30. (3) Deguigne, nᵒ 6173, sous la clef 402, celle des champs labourés; et Morisson, nᵒ 9260, son *shin*; et pl. IV, de cet ouvr.

allonger, recommencer; et d'après ses formes, elle offre
évidemment des *mains* qui façonnent un *lien* pour en-
tourer les gerbes de blé, de paille, pour serrer les branchages, alors rapportés des champs ou des bois dans les
villages. Or on traduit *Thith* nom chaldéen de la 9ᵉ lettre,
par *Expansio* en Arabe (1); outre les idées de *boue, terre
humectée* qu'il offre aussi, et qui tiennent à ce que vers ce
moment du jour on amenoit de l'eau sur les plantes cultivées dans les *Beyts.* Dans les composés de cette lettre
Theth, on voit d'ailleurs les idées de *Tiare, ornements des
mains, Phylactères,* c'est-à-dire de choses entourant, en-
veloppant; et c'est en effet la forme qu'offre le *Theth* chaldéen qui, comme le *Théta* des Grecs, se retrouve sans y
rien changer, dans les formes antiques de cette 9ᵉ heure.
Les idées *de rechef, de nouveau,* par laquelle on a traduit
encore la 9ᵉ heure, montrant qu'en cette 9ᵉ heure, souvent
prise pour le nombre *Neuf,* on recommençoit les travaux des champs, et expliquant comment le nombre
Neuf et *de Nouveau,* se disent par le même mot dans
tant de langues, ce qui sera encore développé plus loin.

La 10ᵉ heure (2), qui répond de Cinq à Sept, étoit
donc celle du coucher du soleil, de la fermeture des
portes du jour, et de celle des villes et des maisons:
aussi offre-t-elle des *portes fermées* ou réunies par un
lien, dans une de ses formes antiques; mais comme alors

(1) Castel, Lex. Hept. (2) Deguignes, nᵒ 12277, clef 164; et
Morisson, nᵒ 12126, son *yew;* et planche IV de cet ouvr.

les troupeaux revenoient des champs, et qu'on s'oc-
cupoit à recueillir leur lait, comme aussi le Vin se
préparoit ou se buvoit dans le repas du soir, un *Vase*
devoit naturellement désigner cette 10° heure, et ce
fut, en effet, ce qui eut lieu; et ce Vase ayant pu
avoir des *mains* pour le soutenir, l'hébreu n'a plus
conservé que ce sens de *mains* pour la signification de
sa 10° lettre ou de l'*iod*, dérivée peut-être aussi du rang
de cette lettre valant *dix*, et figurée par les deux mains,
ou les dix doigts : mais sous la lettre I, on trouve,
même en hébreu, le mot *Iin* ou *Jain*, signifiant vin; et
d'ailleurs *Iod* aussi se traduit par *gonds*, et rappelle les
idées des portes alors fermées. Cette 10° heure répondant en outre au 10° Kan, où l'on a vu aussi des idées
d'eaux, de liquide : et cette lettre *I*, entrant dans tous
nos mots *fluide*, *humide*, *liquide*, etc., dans l'alphabet
égyptien de M. Champollion, offre également un vase
qui s'épanche, qui se *vide*, pour le son Y du moins (1).

Restent donc les 11° et 12° heures, celles qui commencent la Nuit et qui terminent la journée, la détrui-
sent : aussi la 11° heure (2), sous le symbole d'une
arme, d'une *hache* qui répond ailleurs à la lettre *Phe*,
mais qui est ici modifiée, signifie-t-elle *blesser quelqu'un*, le *détruire;* et, avec une modification presque
nulle, *soldats qui gardent les frontières;* et, avec une
autre modification, *ville fortifiée*, lorsqu'on y ajoute le

(1) Voir l'Hébreu ou le Chaldéen *Jada*. (2) Deguignes, n° 3172,
clef 62, celle des armes, des lances ; et Morisson, n° 9030, son *seuh ;*
et pl. IV de cet ouvr.

symbole de Terre ou de remparts (ce qui explique le *Ca-*
riath ou ville de l'Hébreu, le nom de *Carthage*, bien qu'é-
crits par le *Couph* (souvent mis pour le *Kaf*), et montre
comment le *Kaf* égyptien (1) offre *une tour, une porte de*
ville, et comment le *Beth* et le *Kaf* en hébreu, en égyptien démotique, et autres écritures encore se ressemblent
tellement, et dans les écritures indiennes le Bh et le G).
Et ces idées, d'*armes*, de *ville*, de *garde*, *défense* conviennent en effet à cette heure, qui commençoit la
Nuit, répondant de sept à neuf, et où la Garde des Murs
devoit se faire; et dans les langues Sémitiques, le *Kaf*,
offrant des idées de *courbure*, de *creux*, de *manche*,
cuillère, de *mains*, *branche d'arbre*; dans l'Arabe surtout,
il donne des idées d'*armes*, de *glaive*, dont la main se
sert, et répond exactement à cette XIe heure.

Par des idées analogues, la XIIe heure (2), de 9 à 11,
celle qui termine la journée, qui détruit le jour, offre
l'image de *racines* ou de fin, extrémité inférieure des
arbres : ce qui est précisément le sens opposé à celui de
la 1re heure, signifiant *germe*, première pousse des végé-
taux. De la même manière on a pu aussi y figurer un
Vieillard s'appuyant sur un bâton, idée qu'offre la lettre
Naud ou N du Runique (permutée ici avec la lettre *La-*
gur ou la lettre L pour le son et pour l'idée), et qui se retrouve dans l'inscription déjà citée de la ville de *Saïs*;
enfin, on y a vu encore, suivant le *Tchun-tsieou*, un
animal à six corps et à deux têtes, animal *typhonien*,

(1) *Lettre à M. Dacier,* par M. Champollion le jeune.
(2) Deguignes, n° 81, clef 8; et Morisson, n° 3093, son *hae.*

monstre destructeur, tel que le zodiaque d'Esné en offre un. Et dans sa forme ancienne ordinaire, cette 12ᵉ heure est le plus souvent figurée sous la forme antique du caractère d'une *Laie* féroce, d'un *Porc* (1), *Sanglier*; animal qui y répond encore dans le Cycle actuel des douze animaux, mais qui, en Egypte, a dû être le *Lion,* symbole de la lettre L dans l'alphabet de M. Champollion et dans celui de M. Lacour de Bordeaux.

M. Lacour, en effet, dans ses ingénieuses recherches, avoit le premier remarqué que le nom du Lion offre la lettre L dans beaucoup de langues, et avoit pu être le symbole de ce son L chez les Égyptiens comme chez d'autres peuples. Elle entroit également chez nous dans le nom de la *Laie,* du *sanglier,* où l'on trouve aussi cette lettre L et le son *Hay* du chinois actuel. Et cet animal immonde, aimant à fouiller les *Racines* des plantes, arbustes, étant devenu un animal proscrit dans tout l'Orient, on voit ici comment il a pu offrir ces idées destructrices de la lettre L, et se grouper avec cette 12ᵉ heure, en être le symbole dans la Haute-Asie. Le *Lamed* chaldéen traduit par *aiguillon, pointe, fouet armé de pointes, discipline* (2), offrant aussi des idées de *fin, extrémité, racines* il semble; et même en Arabe des idées de *bas, humble, humilité.* Et quant aux idées de *doctrine, enseignement, science,* qu'offre

---

(1) Deguignes, *Dict.,* n° 10340, clef 152. (2) Ces idées sont plutôt dérivées du symbole du nombre *mille,* qui a correspondu à cette 12° heure.

encore le nom Sémitique de la lettre L, ou le mot *La-med*, elles se retrouvent aussi bien que celles de *fata-lité, totalité, pluralité*, mots qui tous offrent cette L, dans les Caractères Composés de cette 12° heure en écriture hiéroglyphique ; Composés où l'on trouve les Carac-tères *enfant* ou *disciple*, etc., etc., ceux de *pluriel, fatal, falloir*, etc., etc. Cette 12° heure ou 12° lettre, étant celle où le jour avoit acquis toute sa vieillesse, où la totalité des heures s'étoit écoulée, et étant d'ail-leurs le moment des études et des veilles philosophiques, de la science acquise ; et les symboles chinois de porc (1) ou sanglier, de vieillesse (2), de terme, borne finale (3), s'enchaînant en effet par des Caractères presque sem-blables, et par une filiation d'idées, que ce qui précède peut seul expliquer.

Tous ces Symboles, sur lesquels nous avons cru de-voir insister (car ils sont les fondemens des mots dans une foule de langues, et des particules qui représen-tent les idées abstraites de temps, de personne, de nombre), sont donc extrêmement simples, et tels qu'on peut les supposer, s'ils ont été créés par les premiers hommes vivant à la manière des Patriarches, et enchaî-nant les actions de leur journée aux diverses positions du Soleil dans le ciel ; et il en fut de même du Cycle des dix Jours, dans chacun desquels on se livroit suc-cessivement à tel ou tel travail, tel ou tel art, de sorte

_____

(1) Deguignes, n° 10366, clef 152.   (2) Deguignes, n° 8285, clef 125.   (3) *Id.*, n° 8284, clef 125.

qu'il seroit très naturel de supposer, si ce Cycle toutefois, consistant d'abord dans les noms des 10 Eléments
mâles ou femelles, n'est pas devenu un dédoublement
des dix 1ʳᵉˢ Heures, que les fonctions diverses attribuées
aux neuf *Muses* guidées par *Apollon* dériveroient de ces
arts, cultivés spécialement dans chaque jour de la décade.

Mais, d'une manière analogue à notre *Semaine*, et qui
a pu très naturellement l'engendrer, le Cycle des dix
jours, ou des dix Kans du peuple antédiluvien; Cycle qui
rappelle les *Décans* des Egyptiens, les neuf *Curetes* et
les *Dactyles* de Crète (ces Dactiles Idéens ayant inventé le fer ou les métaux, le feu, et d'autres arts encore, les cérémonies théurgiques, etc. , et étant au
nombre de cinq, suivant *Pausanias*), ce Cycle des dix
Jours, disons-nous, divisé en deux *Héous*, ou périodes
de cinq jours, a répondu en Chine *aux cinq élémens*
mâles ou femelles, aux *cinq planètes*, aux *cinq âges ou
saisons* de l'année (en en comptant une fictive et très
courte après l'été) , *aux cinq points principaux du
monde* (en comptant les 4 points cardinaux et leur
centre, ou le zénith, pour un de ces points), aux *cinq
tons musicaux*, aux *cinq saveurs*, aux *cinq odeurs*, aux
cinq couleurs fortes ou foibles (ce qui explique incidemment comment, ces dix Kans ayant donné des
lettres, les Indiens, dans leur Algèbre, nomment leurs
inconnues du nom de ces cinq couleurs) (1); enfin, aux

(1) P. 554, T. I, *Astr. ancienne,* Delambre.

dix parties principales du corps humain, en commençant par la *tête* et finissant par les *pieds*, comme le fait
le dictionnaire *Choue-wen*, pour ces dix symboles.

On peut voir toute cette correspondance, cette espèce de *Mnémonique*, développée fort au long dans le
calendrier dit Yue-ling (1), que renferme le *Ly-ky*, ou
le *King* des rites, conservé comme livre sacré chez les
Chinois; ce Calendrier, curieux monument d'une idolâtrie absurde, mais qui a fait le tour du globe, a été traduit par nous il y a plusieurs années, et nous a offert
les plus singuliers rapprochemens avec les chapitres
du *Dabistan* que nous avons pu connoître, comme
aussi avec les *Idolâtries Egyptiennes* : nous comptons
le publier un jour, et faire voir que seul il peut expliquer comment, du culte sublime du vrai Dieu, les
hommes sont tombés dans de si grossières erreurs ;
mais ici, nous n'en faisons mention qu'à l'occasion des
Caractères du Cycle des dix Kans qu'il y mentionne spécialement, comme les Nombres, et qu'il y fait répondre
successivement à chaque Saison, chaque Planète, chaque Couleur, etc. Il est donc évident que ce Cycle des
dix jours n'étoit qu'une modification de notre Semaine,

---

(1) *Voir* T. II, p. 184, 185, 186, 187, des *Observations mathématiques* du P. Souciet, une analyse succinte donnée par le
P. Gaubil, de ce monument curieux qui date au moins de l'an 244
avant notre ère, d'après la position des équinoxes qui y sont marqués, mais qui a été calqué alors sur des calendriers égyptio-
persans beaucoup plus anciens.

et répondoit aux cinq petites planètes distinguées des deux grands luminaires, le *Soleil* et la *Lune*, ainsi que le faisoiént les Egyptiens, nous dit *Horapollon* en parlant d'un Astre, figuré comme le symbole du nombre *cinq* (1).

Or, ces deux Cycles des jours et des heures, suivant la grande *Histoire de la Chine*, analysée par le P. Amyot (2); ils furent inventés dès le temps de *Hoang-ty*, c'est-à-dire long-temps avant l'époque d'*Yao* et de *son déluge*, par un nommé *Ta-nao* (3), à qui Hoang-ty, prétend-on, ordonna de régler ainsi les temps, et d'en former le Cycle de soixante ans, ou le *Kia-tse* ; Cycle dont nous avons déja parlé, et qui, donnant un nom distinct à chacune des années chinoises, ou plutôt Assyriennes, rend par là, la chronologie conservée dans les livres sacrés de ce peuple, si positive et si propre à être vérifiée par le calcul.

L'origine de ces deux Cycles, d'après les traditions mêmes des peuples qui s'en servent encore, seroit donc antédiluvienne ; car nous avons dit qu'*Hoang-ty* ne pouvoit être autre qu'*Adam*, et nous pourrons démontrer un jour, nous l'avons déja indiqué dans l'introduction, que le déluge d'*Yao* est celui dont parle *Moïse :* et il en

---

(1) *Hiéroglyphes d'Horapollon*, livre I, hiér. 13.
(2) P. 236, T. XIII, *Mémoires concernant les Chinois*, et le *Tsou-chou*, avec amples commentaires que nous possédons, article *Hoang-Ty*, par lequel cet antique livre commence l'histoire des temps. (3) Deguignes, *Dict.*, n° 1797 et n° 3607.

fut, sans aucun doute de même, quant à l'origine du Cycle des 12 Animaux, qui, au Japon et chez les Mongols, se substitue aux 12 heures, et qui, se retrouvant formellement tracé dans les zodiaques d'*Esné* et de *Dendera*, en Egypte, n'a pu être inventé par les *Kirghis*, comme l'aura prétendu quelque lettré chinois qui le voyoit employé chez ces *Kirghis* (1).

En considérant l'espèce même des animaux dont on l'a composé, nous l'avons déja fait observer; nous ajouterons ici, que leur choix a été tel qu'ils peignent aussi les heures de la journée, et se groupent de la manière la plus naturelle avec les 12 Heures qui y correspondent; ainsi, le *rat* y répond à la 1re heure, celle de minuit, et à cette heure, en effet, il sort et se fait entendre. Le *lièvre* répond à l'heure où le soleil se montre à l'horizon, et en ce moment, en effet, cet animal craintif cesse de paître, et regagne son gîte. Le *cheval* répond à l'heure de midi, heure où l'on doit lui donner sa nourriture, où on le ramène à l'ombre pour se reposer. La *poule,* ou l'oiseau, correspond à l'heure où le soleil se couche ou à la dixième heure, et à cette heure où le soleil se couche, les volatiles eux-mêmes cessent de se montrer (ce rapport expliquant en outre comment *l'oiseau* ou *la poule,* exprime le nombre *Dix* dans certains dialectes des îles de la mer du Sud ; comment, en Chine ainsi que chez les Grecs, pour Apollon, *un cor-*

_____

(1) *Voir* p. 300, 301, T. I, des *Rech. Tartares* de M. Rémusat, qui cite *Ma-touan-lin.*

beau, ou un oiseau noir est placé dans le disque du soleil, alors atteignant l'horizon; et comment le *nid* des oiseaux est l'hiéroglyphe du caractère Occident) : enfin ,
le *chien*, que nous citerons encore, répond à l'heure
de sept à neuf; c'est-à-dire à l'instant où cet animal
utile commence à garder plus spécialement les troupeaux et les maisons, et il marque cet instant du jour
que nous appellons encore, par une locution sans
doute ancienne, entre *chien et loup*.

Rien de plus naturel n'existe donc que ce Cycle ,
quand on l'explique par celui des 12 Heures, et il doit
être non moins ancien que ce dernier, c'est-à-dire Antédiluvien aussi; en effet, les 12 Heures Chinoises, répondant autrefois, suivant le P. *Gaubil*, aux douze
Signes du zodiaque *amphora, caper, arcitenens, scor-
pius*, etc., pris dans un ordre renversé (1); nous trouvons les 12 animaux qui correspondent à ces 12 Heures, et qui ont pris les Symboles de ces 12 Heures
chez les Japonois, peints près des mêmes signes du
zodiaque dans les monumens astronomiques des Egyptiens, et tantôt figurés par leur tête seule sur un corps
humain (comme ils le sont aussi dans l'*Encyclopédie
chinoise*, remarque que nous devons à M. Rémusat);
tantôt, figurés sous leur forme même et complète.
A ESNÉ, on trouve ainsi sous le Verseau un homme à

---

(1) P. 174, 175, T. II, *Observations mathématiques,* recueil
du P. Souciet, de la compagnie de Jésus.

tête de *rat*; à DENDERA, près du Capricorne, est un *bœuf immolé*; dans tous les zodiaques, soit d'ESNÉ, soit de DENDERA, le Sagittaire a deux têtes, et l'une d'elles est une tête de *panthère* ou de *tigre;* près du Scorpion, se voit, sur une faulx, un *renard* équivalent au *lièvre* du Cycle chinois; dans la Balance, se voit un *serpent* ou *dragon*, et ainsi de suite : et l'ordre des 12 Animaux est effectivement le *rat*, le *bœuf* ou la *vache*, le *tigre*, le *lièvre* ou sa femelle, le *dragon*, etc. (1).

On a donc ici, en *Egypte*, la série même du Cycle des 12 Animaux, tel que les emploient les *Japonois* et les *Mongols;* et ce fait remarquable et reconnu par nous dès la publication de nos premiers travaux sur les Constellations, pouvoit nous porter à croire que les autres Cycles des 12 heures et des dix jours devoient se retrouver également en Egypte : c'est ce qui explique alors, comment la plupart des Lettres établies avec certitude dans les alphabets *hiéroglyphiques* de M. Champollion, ou *démotiques* de M. Grotefend, se retrouvent dans les formes anciennes des 12 caractères horaires de la Chine, type des 12 premières lettres de l'alphabet; et, comme nous trouvons dans le *Bulletin des Sciences Historiques* de M. de Férussac (2), un article où, parlant du travail encore inédit de M. *Cham-*

---

(1) *Voyez* dans le grand ouvrage sur l'Egypte, ou dans le *Mémoire* de MM. Jollois et Devilliers, les quatre zodiaques d'Esné et de Dendera. (2) *Bulletin des Sciences historiques,* p. 383, T. III, 1825.

pollion sur les Chiffres des anciens Egyptiens, on dit
qu'il distingue deux espèces de nombres, *les uns desti-*
nés à marquer seulement les dates, en mois et en jours, et
qui doivent répondre au Cycle des 12 heures ou des
12 mois, et au Cycle des dix *Kans*, ou aux *Dékans* égyptiens; et les autres employés pour exprimer toute
autre nature de nombres, et qui doivent répondre aux
Nombres même usités vulgairement en Chine. Nous
croyons, sur cette seule indication, pouvoir affirmer
que, pour ces dates des mois, comme pour celles des
jours, M. *Champollion* ne présentera pas d'autres symboles que ceux usités en Chine encore actuellement,
ou du moins leurs variantes connues et naturelles; et
nous nous imposons ainsi à l'avance une des plus puis-
santes vérifications que l'on puisse faire du système
unique qui a uni, avant comme long-temps encore
après le déluge, tous les peuples lettrés et civilisés de
la terre, alors encore peu couverte d'habitans.

Mais, nous dira-t-on, l'antiquité telle qu'elle nous
est connue par les Grecs et les Romains, offre-t-elle
des traces de ces Cycles qui auroient engendré les Lettres et les Chiffres, et comment, vu la distance énorme
et le défaut de traditions, pourrez-vous nous convaincre
de ces rapports multipliés que vous voulez établir
entre les Ecritures de la Chine, celles de l'Egypte et de
tous les autres peuples?

A ces questions, nous pourrions répondre : voyez
et comparez; les pièces sont sous vos yeux; la vérifi-

cation en est facile. Il y a dans chaque Caractère alphabétique, comme dans chaque Nombre , quatre choses
à considérer essentiellement : 1° son rang ; 2° sa forme ;
3° sa prononciation ; 4° la signification hiéroglyphique
de son nom antique ; et de ces quatre faces sous lesquelles chaque Caractère peut être envisagé, la plupart
se retrouvent toutes quatre dans les séries des Cycles
chinois, ou plutôt assyriens et antédiluviens, que nous
comparons à ces Lettres ou à ces Chiffres.

Nous pourrions nous borner à cette réponse qui
nous semble péremptoire : nous pourrions, quant aux
rapports des *Egyptiens* et des *Chinois* en particulier,
citer M. *de Mairan*, M. *Deguignes* le père, qui eut seulement le tort d'envisager la question dans un ordre
inverse, et de vouloir, comme un savant d'Allemagne
dont il est question en ce moment, déduire les groupes
hiéroglyphiques des Lettres, au lieu de déduire, comme
nous le faisons, les Lettres alphabétiques des Hiéroglyphes, nous l'avons déja indiqué : nous pourrions montrer
enfin le travail ingénieux, mais encore incomplet de
M. *J. Klaproth*, qui a retrouvé dans le *Chinois* et dans
les langues *finnoises* et *samoyedes*, beaucoup de mots
du Copte ou de l'ancienne langue des Egyptiens, celle
des Hiéroglyphes (1) ; nous pourrions faire observer en
outre, que deux sortes d'Ecritures hiéroglyphiques ne

_____

(1) P. 205, T. I, *Mém. relatifs à l'Asie*, par M. Klaproth ; et
Journal de la Société asiatique.

s'inventent pas sur la terre, et qu'il falloit toute la puissance de tête des premiers hommes pour en établir une et la rendre aussi admirable qu'elle l'est encore : mais trop peu de personnes ont médité sur ces vastes questions, pour que l'on puisse sentir la force de cette dernière réponse. Nous avons donc dû examiner l'antiquité à cet égard, et voici ce que nous avons pu découvrir et recueillir sur se sujet.

Nous trouvons en premier lieu et en partant des temps les plus modernes, chez les Arabes, voisins de l'Égypte, et dont l'alphabet primitif (de 22 lettres, ainsi que le prouve leur valeur numérique actuelle) a été bouleversé et porté, par les 28 Constellations, à 28 lettres, une première division de ces 28 lettres, en 16 radicales et 12 serviles ; et par une autre division, nous voyons encore chez eux 12 Lettres dites *Solaires*, qui nous amènent évidemment aux 12 Lettres ou Caractères Horaires des Cycles dont nous avons parlé.

Chez les Indiens, dont l'alphabet s'est aussi modifié et étendu beaucoup plus que celui des Arabes, le travail moderne et systématique des grammairiens y ayant distingué et groupé les diverses Lettres d'après leur organe et leur son (ce qui s'est fait aussi, mais d'une manière moins complète chez les Arabes), une division analogue devoit également exister ; car Anquetil (1) nous apprend que l'alphabet Samscrit, autrefois déja porté à environ

_____

(1) T. I, p. ccxiii , *Zend Avesta ,* passage cité par Hager.

60 Lettres, et qui a engendré tous ceux dont on se sert
dans les Indes, n'avoit primitivement que 28 lettres,
comme celui des Arabes, et même des Hébreux (quand
on y ajoute les six lettres finales), et que ces 28 lettres
y servoient à peindre les *unités*, les *dixaines* et les *cen-
taines*, quand on les considéroit comme nombres. Tel
qu'il est même actuellement, formé de 50 lettres, et
commençant par les K, ou les gutturales, en raison du
Kia-tse ou Cycle de soixante, usité aussi dans l'Inde, et
qui commence par ces deux caractères *Kia-tse*, cet alphabet *Dévanagary* offre des preuves démonstratives
de sa première origine Sémitique, en ce que, comme
dans tous les alphabets Sémitiques, le *Daleth* ou le *Da* y
ressemble au *Resch* ou au *Ra*; comme aussi le *Mem* ou
Ma y ressemble au *Samech* ou *Sa*, tous deux étant tracés avec une figure fermée et analogue à celle de cette
lettre en grec (1) : ce sont là des marques non dou-
teuses d'une origine *Sémitique* ou *Assyrienne*, la barre
ou portée sur laquelle s'appuie horizontalement toutes
ces lettres, étant venue ensuite, prises une à une, les
modifier et altérer leur figure; mais il n'en reste pas
moins indubitable, ce qui nous empêchera d'insister
beaucoup sur ces alphabets de l'Inde, qu'ils dérivent
de l'*Hébreu* ou *Chaldéen*, ou du moins des alphabets
Sémitiques.

---

(1) Voyez l'*Essai sur le Pali* de MM. Burnouf fils et Lassen, pl. V,
où sont divers alphabets de l'Inde comparés : et les autres *Recueils
d'Alphabets* de tous les peuples; nous avons énoncé ces idées devant le savant professeur, M. de Chézy.

Or, chez les Hébreux, écrivant depuis la captivité en Chaldéen, c'est-à-dire dans une écriture alphabétique, puisée à *Babylone*, nous retrouvons également cette division des vingt-deux lettres de leur alphabet en onze radicales et onze serviles, et même, suivant M. Audran et d'autres Hébraïsants, en dix Radicales et douze Serviles, le *Theth* étant servile en certain cas. Nous avons donc ici la division même de nos deux Cycles Chinois ou plutôt *Assyriens*, des *dix Troncs* et des *douze Branches* qui en dépendent, ou des dix jours et des douze heures; les Jours en effet portant les Heures, comme des arbres portent leurs rameaux; et chez ces mêmes Hébreux nous voyons un auteur fort ancien, saint Irénée (1), nous indiquer encore, écrivant dans les commencements de notre ère, *dix Caractères* qu'il nomme *Sacerdotaux*, et qui ont existé seuls chez ce peuple dès la plus haute antiquité, nous dit-il; et il nous seroit facile de montrer en effet, comme nous l'avons indiqué pour quelques-uns, que les symboles du Cycle des douze Heures et ceux du Cycle des dix Jours, ne sont qu'un dédoublement, une modification les uns des autres : de sorte que, comme l'ont soupçonné déja plusieurs hommes habiles, l'Alphabet le plus ancien dut être, aussi bien que celui des Etrusques, seulement de dix à douze Lettres; ces dix Caractères sacerdotaux si antiques, n'étant d'ailleurs autre chose

---

(1) *Adversus Hæreses*, lib. II, cap. 41.

\ peut-être que les dix caractères *Séphiroth* que mentionnent souvent les Rabbins, et ces écrits des Rabbins, malgré leur absurdité, pouvant, nous n'en doutons pas, confirmer nos rapprochements, si nous avions et le temps et les moyens d'y puiser.

Si nous passons ensuite chez d'autres peuples, et si nous ouvrons Bochart (1), nous verrons qu'il nous cite Diogène Laërce (49), qui rapporte, d'après *Thrasylle*, que parmi les livres de *Démocrite*, il s'en trouvoit un sur les *Lettres sacrées de Babylone* et un autre sur les *Lettres sacrées de Méroé*, ce qui rappelle le passage où *Héliodore* (2) fait mention des Lettres royales des Ethiopiens, semblables, dit-il, aux Lettres sacrées des Egyptiens, et celui où Diodore (3) distingue chez les Ethiopiens deux sortes de Caractères également employés par tout le peuple, et dont il décrit les uns comme évidemment Hiéroglyphiques, ce qui suppose les autres, il semble, purement Alphabétiques.

Nous verrons le même Bochart (4), s'appuyant sur le passage où Eusèbe, d'après *Philon de Biblos*, rapporte que Sanchoniaton, pour écrire son histoire de Phénicie, pénétra dans les temples, et y consulta les *Lettres Ammonéennes*, regarder ces Lettres comme des Lettres propres au seul usage des Temples et inconnues du vulgaire.

---

(1) *Chanaan*, lib. II, cap. XVII, c. 773.   (2) Héliod., lib. IV.
(3) Diod., lib. III, § 3.   (4) *Chanaan*, id.

Nous rencontrerons enfin dans le livre substantiel et méthodique de Herman-Hugo (1), un passage où, d'après des auteurs qu'il nomme, il mentionne chez les Mages, c'est-à-dire en *Perse*, certains Caractères étrangers employés pour les Sorts; et parmi lesquels étoient, outre ceux des quatre Principes ou Eléments, neuf *Caldaria*, dit-il, ou sans doute neuf Caractères de la nature de ceux qu'on employoit pour écrire sur les Trépieds et dont parle Hérodote, analogues aux Caractères des *Tings* chez les Chinois; les *Tings* étant également chez eux des vases à trois pieds : mais, sauf ce dernier cas où l'on nous parle de neuf Caractères, rien chez ces divers peuples ne nous fixe le nombre de ces Lettres sacrées, royales ou ammonéennes; usitées en Chaldée, en Ethiopie, en Phénicie et dans la Perse, et vu l'équivoque de ce mot Lettres, rien ne nous affirme si elles forment ici un Alphabet ou une Ecriture entièrement Hiéroglyphique, les deux choses pouvant même avoir lieu à la fois, puisque, comme nous le montrerons, les Lettres Alphabétiques ne peuvent être nées que des Hiéroglyphes.

Cependant si nous nous rappelons qu'Hérodote (2) rapporte que les Grecs reçurent des Babyloniens le Pôle ou le *Gnomon*, le *cadran solaire*, et *la division du jour en douze parties* ou les douze Heures : si nous voyons

<hr>

(1) Herman-Hugo, *de Prima Scribendi*, etc. MDCXVII. (2) Euterpe, § IX.

dans le *Zend-avesta* d'Anquetil (1), le grand jour ou le
jour avec la nuit, divisé en *douze grands Hézars* et
vingt-quatre petits, chez les *Parses*, voisins de la
Chaldée; c'est-à-dire en Heures doubles des nôtres,
comme celles de la Chine antique et actuelle (2) : si
nous remarquons qu'à la Chine et au Japon les Caractères de ce Cycle des douze *Chin* ou *Heures* dont nous
avons parlé, *et qui s'appliquent aussi aux douze Lunes de*
l'année, se placent, même en ce jour encore, sur les
Cadrans des horloges vulgaires, comme aussi sur ceux
des *Cadrans solaires*, (tels que *Bayer* nous en figure un
dans sa dissertation sur les heures des Chinois) (3) : Si
enfin, nous observons en outre que chez les Grecs
d'Italie, à *Herculanum* (4), on a trouvé un Cadran solaire, divisé en douze parties égales; et sur ce cadran,
chacune de ces parties numérotées par l'une des douze
premières lettres minuscules de l'alphabet grec, en y
comptant l'épisémon *bau*, ou sigma *taw*, c'est-à-dire
notre F, pour la sixième heure ; il nous sera démontré,
il semble, que ces *douze Heures* puisées à *Babylone* par
les Grecs, et ces *douze Lettres* usitées par eux pour
marquer les heures sur leurs cadrans, sont une seule

---

(1) *Zend-Avesta*, II* par., T. III, p. 436, au mot *Eieré*, jour.

(2) *Supra*, p. 8.   (3) *Voir*, pl. I de cet ouvrage, *le Cadran so-*
laire des Chinois, tel qu'il est adopté à leur boussole, et numéroté
par les caractères du Cycle de douze. Planche extraite de Bayer.

(4) *Bulletin des Sciences historiques* de M. de Férussac, n° 268,
T. I, p. 230, année 1824.

et même chose, et n'ont pu avoir leur type que dans les douze Caractères Horaires, Hiéroglyphiques et antiques, encore employés maintenant pour le même usage dans toute la *Haute-Asie*, si immobile dans ses coutumes.

Mais bien plus, les anciens eux-mêmes nous avoueront l'origine horaire des Lettres grecques; *Hygin*, dans son chapitre sur les diverses inventions (1), nous rapporte que les Parques (qui, suivant *Pausanias* (2), formoient avec les *Heures* la couronne allégorique de Jupiter-Olympien à Mégare), avoient créé les six lettres grecques α, β, $\varkappa$, τ, ι, ν, où nous verrions plutôt, nous, les six premières lettres de l'alphabet Semitique, en changeant $\varkappa$ en γ, et τ en δ, ι en ε, ν en ς. *Fulg. Planciade*, cité par *Vossius* (3), attribue également aux Parques l'invention de sept lettres grecques; *Martianus Capella* (4) appelle ces déités si célèbres *librariæ superûm*, *archivique custodes*; et d'une manière allégorique, mais entièrement conforme à nos idées, *Horus-apollon*, dont l'autorité acquiert chaque jour plus de poids depuis les belles découvertes sur l'Egypte, nous donne le Cynocéphale comme étant à la fois le symbole des Lettres (5), (et comme tel consacré à *Mercure*, dont les Lettres sont le partage, dit-il), et le symbole des équinoxes, ou des

---

(1) *Hygini fabulæ*, cap. CCLXXVII. (2) Pausanias, *Attica*, pag. 75. (3) Vossius (*de* 4 *Artibus popul.*, cap. 2). (4) Mart. cap. *de Nupt. Philologiæ et Mercurii*, lib. I. (5) Hor. apol. *Hierogl.* 14, lib. I.

heures *Equinoxiales* (1), c'est-à-dire des douze heures
de la nuit, égales à celles du jour; car, ajoute-t-il (dans
son langage mystérieux, mais d'après tout ce qui précède facile maintenant à comprendre), lors des équinoxes, cet animal sacré versoit de l'eau douze fois dans
le jour, et douze fois pendant la nuit, et pour cette
raison, on le figuroit assis sur les *Clepsydres, réglant le
temps* et marquant les Heures.

Horus-apollon, ici d'accord avec les monumens
Egyptiens, tels que les offre M. Champollion dans son
Panthéon égyptien, donne donc le Cynocéphale consacré à *Mercure,* comme emblême *des lettres* et comme
réglant *les heures,* ce qui établit de premiers rapports
entre *les Heures* et *les Lettres;* mais la Chine même nous
les démontre ces rapports; car la planète de *Mercure,*
dieu *des Lettres,* et aux *pieds* si agiles, suivant la Fable,
y est appelée, soit dans *Hyde* (cap. XVIII, *Hist. Relig.
vet. Pers.*), soit dans l'*Encyclopédie japonoise* (2), que
nous devons à la complaisance de M. Rémusat, *Chin-sing,*
ou planète des heures, planète des *douze Chin,* qu'on
peut aussi traduire par *planète des mouvements* (Mercure, en effet, tournant très rapidement autour du soleil), et ce nom *Chin* (n° 10987, *Dict.* de Deguignes), étant
en outre celui de la 5ᵉ heure dont nous avons déja
parlé, qui suit le lever du soleil et qui répond à l'*Epsi-*

---

(1) Hor. apol. *Hier.* 16, lib. I.   (2) *San-Tsay-Tou; Descript.*
du Ciel, liv. I, p. 17.

lon, lettre que, parmi les voyelles, toute l'antiquité attribue à Mercure, autre identité (1).

Les lettres, et *Mercure* qui en fut l'inventeur, suivant
certains, les *Lettrés* et les *Parques*, déités qui filent les
instants des Heures, et qui, suivant d'autres, créèrent
les *Lettres*, marquant comme certaines Lettres le Passé,
le Présent et le Futur, étoient donc, d'après tout ce qui
précède, des idées intimement unies chez les Egyptiens
écrivant en Hiéroglyphes, et chez les Grecs possédant
déja leur alphabet(2): et de ce qu'*Hygin* parle ici de six
lettres seulement, de ce qu'*Horus-apollon* indique
vingt-quatre heures pour le jour et la nuit réunies, on
ne peut déduire aucune objection contre notre théorie
du Cycle des 12 heures, donnant les 12 premières lettres
de l'alphabet; car, en Perse et en Chine même, comme
l'offre *Bayer* dans ses tableaux des Heures Chinoises, et
comme on le voit en Europe actuellement, chacune
des 12 heures étoit partagée en deux parties qui en for-
maient 24; et l'on pouvoit également les dédoubler, et
recommencer à compter après le milieu du jour, où
l'heure de midi, ainsi que nous le faisons; on n'obtenoit
ainsi que les six premières heures doubles des nôtres,
au lieu de douze, c'est-à-dire *les six premières lettres*

(1) P. 185, T. IV, *OEuvres complètes de J. J. Barthelemy.*
(2) T. I, p. 13, M. Legoux de Flaix, *Essai historique sur
l'Indonstan*, dit que le Mercure indou est nommé *Parkérem*, nom
singulièrement analogue à celui des Parques, Mercure aussi étant
le conducteur des ames dans les enfers, et il en tire les noms
d'*Hermès* et même de *Mercure*.

grecques attribuées aux Parques par *Hygin*, qui, avec
les dix lettres que nous dérivons du Cycle des'jours et
que le même auteur semble, au nombre de onze il est
vrai, donner à *Palamède*, devoient former les seize
lettres phéniciennes (que toute l'antiquité, d'après une
autre tradition, fait apporter par *Cadmus*, ou l'Oriental); Lettres qui, accrues des six qu'au même endroit encore Hygin attribue à *Simonide* et à *Epicharme*, formoient les vingt-deux lettres de l'alphabet Sémitique et
primitif, dérivé des deux Cycles, et que les Grecs eurent sans doute en premier lieu, avant d'en avoir vingt-
quatre (1).

Et quant à l'usage de ce Cycle des 12 heures, pour
dénommer les 12 Lunes de l'année, nous voyons chez
les Perses aussi, que ces 12 heures n'étoient autre chose
que des Lettres, puisque *Chardin* (2) nous apprend que
les Persans de son temps faisoient encore répondre une
Lettre à chacun de leurs douze mois, et cela en assignant
l'A ou la première lettre, au Taureau, Mois où étoit
l'équinoxe, vers l'époque du Déluge mentionné dans la
Bible et dans *les Kings*.

Mais d'autres traces encore existent chez les Grecs
et dans l'Asie occidentale, de ces Cycles antiques à Caractères symboliques, devenus bientôt l'objet de superstitions déplorables. Outre une série particulière de
dix Heures, dont *Hygin* (3) nous cite les Noms en grec,

(1) P. 682, T. I, *Nouv. Trait. de Diplom.* des Bénéd. (2) Chardin, T. II, p. 111, édit. in-4°. (3) *Hygini fabulæ,* § CLXXXII.

et qui, suivant nous, devoient plutôt répondre au Cycle des dix jours, on peut voir dans Basnage (1), et dans l'abbé Mignot (2), ce que ces savans rapportent d'après les auteurs les plus anciens, des Lettres magiques et si célèbres, connues sous les noms de *Lettres Ephésiennes* et de *Lettres Milésiennes.*

On ne distinguoit, prétend-on, que *six Lettres Ephésiennes* dans l'origine; mais, suivant *Hésychius*, par la suite on en ajouta d'autres, c'est-à-dire des six lettres d'Hygin, suivant nous, on arriva alors à douze; et comme les noms barbares de ces Lettres et le sens même de ces Noms nous a été conservé; comme on les traduit par les *ténèbres,* la *lumière,* le *soleil,* et d'autres sens qui conviennent seulement aux Heures du jour, et au Cycle de douze des Chinois actuels :

Comme les *Lettres Milésiennes,* opposées pour les talismans ou les charmes aux lettres Ephésiennes, étoient au nombre de neuf, suivant les mêmes auteurs (l'une d'elles étant omise sans aucun doute, ce qui se voit aussi dans le sytème des neuf Musès seulement énumérées); comme avec des Noms aussi barbares que ceux des *Lettres Ephésiennes*, elles nous offrent principalement, dans la traduction qu'en donne *St. Clément d'A-lexandrie* (3), les idées des divers Elémens, *terre, air, eau, feu,* on ne peut s'empêcher de reconnoître ici les

---

(1) Basnage, *Histoire des Juifs,* liv. III, § XI, p. 654. (2) T. XXXI, p. 300, *Acad. des Inscript.* (3) *Voir* Mignot. lieu cité.

Noms attribués aux Jours dans la haute antiquité, et qui
étoient les mêmes que ceux des cinq petites Planètes,
puisque, nous l'avons dit, chaque planète avoit pour
symbole un *Elément*, ou une *Couleur*, une *Saveur*, etc.
Le cycle des dix jours, ou des *Kans*, se retrouvoit
donc chez les *Milésiens* en particulier, comme celui des
douze heures ou des douze *Tchy*, des 12 *Chin*, existoit
chez les *Ephésiens*, et l'on ne peut nier que l'on n'eut
alors, dans l'Asie mineure, l'usage de ces Cycles ingénieux, actuellement réfugiés dans la Haute-Asie; Cycles,
où, par la combinaison des dix Eléments (distingués,
ainsi que le faisoient les anciens Egyptiens, (1) et que
le font encore les Japonois (2) en mâles et femelles, et
même en neutres comme au Thibet), avec les douze
Animaux, ou les douze Heures, les *Japonois*, les *Thibé-*
tains, les *Cochinchinois*, les *Mongols*, etc., etc., règlent
d'une manière mystique et superstitieuse, et leur chronologie, et leurs diverses périodes de temps : formant
de l'ensemble de tous ces symboles, la *Nature allégori-*
sée, et une divinité monstrueuse, figurée avec une
multitude de bras chargés de Hiéroglyphes divers; Divinité dont *Kœmpfer* en particulier (3) nous donne avec
tous ses détails la bizarre image au Japon, et qui rap-

_____

(1) *Seneca, Quæst. nat.*, lib. III, c. XIV. (2) Kœmpfer, *Hist.*
du Japon, T. I, p. 137, et pl. XV. (3) *Ibid.*, pl. XXXVII, re-
présentant la déesse *Quanwon* des Japonois ou la déesse *Kouan-Yn*
des Chinois, si célèbre chez les *Tao-sse*, déesse portant *Bouddha*
déifié, au-dessus de sa tête.

pelle nécessairement. et la *Diane d'Ephèse* si célèbre ;
et le *Jupiter olympien de Mégare*, portant les *Heures*
et les *Parques* pour Couronne, et ces Lettres symboliques dont nous venons de parler, peinture des *Heures*
et des *Eléments*.

Les Grecs eux-mêmes aussi bien que les Asiatiques
voisins de l'Egypte et de notre Europe, ont donc eu
comme les Orientaux actuels et anciens, l'usage de ces Séries, d'une date si reculée dès-lors, qu'elle avoient donné
lieu à une Idolâtrie absurde. Dès-lors le fait singulier et
incontestable des rapports nombreux qu'offrent les Caractères de ces Cycles de l'extrême Orient, avec nos
Alphabets, même occidentaux et septentrionaux, devient moins étonnant et moins difficile à expliquer.

Mais dans tout ce qui précède, nous avons supposé
comme hors de doute, que les Chiffres et les Lettres
s'expliquoient par la même théorie des Cycles, et n'a-
voient formé dans l'origine qu'un seul système, et nous
n'avons parlé encore que des *Lettres* ou *Caractères alphabétiques*; il nous reste donc à nous occuper plus
spécialement des *Chiffres* ou des *Symboles des nombres*,
et à démontrer comme nous l'avons avancé, qu'ils se
sont sans cesse confondus avec les Lettres.

C'est en effet, nous assure-t-on, l'opinion sans doute
bien motivée de M. le baron de Humbolt ; c'était celle
on le sait, du savant évêque d'*Avranche* (1), qui déri-

_____

(1) Huetiana, § XLVIII.

voit nos Chiffres arabes actuels, non des Indiens, mais
des neuf premières minuscules de l'alphabet grec, et
supposoit comme *Vossius* que les Arabes les avoient
empruntés aux Grecs avec leur littérature et toutes leurs
autres sciences; et ce ne peut être encore que cette
même idée très vraie et très fondée, qui a guidé
MM. *Buttner* et *Wahl*, quand ils ont donné, l'un pour
alphabet égyptien (1), l'autre pour Chiffres des momies (2), les mêmes symboles égyptiens, disposés dans
un même ordre, retrouvés, quoiqu'alors d'une manière
trop arbitraire, sur les bandelettes des momies et les
papyrus des tombeaux; mais dont plusieurs sont figurés dans les alphabets démotiques de MM. *Grotefend* (3), et *Champollion* (4) et offrent déjà, chose
très remarquable, la forme même de nos Chiffres arabes actuels.

Indépendamment de l'opinion de ces hommes habiles,
comme les *Samaritains*, les *Chaldéens*, les *Arabes* et
les *Hébreux*, les *anciens Indiens* suivant Anquetil (5),
les *Arméniens*, les *Georgiens*, les *peuples du Nord* dans

(1) Buttner, *Tableau de comparaison des Ecritures des divers
peuples*, en allemand; Gottingue, 1771 : ouvrage dont nous avons
dû la connoissance à la complaisance de M. Stapfer. (2) Whahl,
*Histoire générale de la Littérature et des Langues et Ecritures
orientales*, appendice, pl. I, donnant le tableau des Chiffres des
principaux peuples (en allemand). (3) *Mines de l'Orient*, T.
IV, pag. 245, et T. III, pl. 67. (4) *Précis du Système hiéroglyp.
des anciens Egyptiens. Voy.* pl. des *Alphabets Hiératiques*, Démotiques. (5) *Zend Avesta*, T. I, p. ccxii.

leurs *Runes* (1), les *Romains* eux-mêmes, au moins
dans leur *octo-ade* ou période de huit jours désignés par
des Lettres, emploient tous également leur alphabet
même pour compter, ainsi que le faisaient essentiellement les *Grecs*, ou se servent de l'alphabet d'un peuple
voisin, ainsi que le font des Coptes (2), les *Abyssins* ou
Ethiopiens : on ne peut, ce nous semble, nier cette confusion antique et générale des Chiffres et des Lettres.

Mais sans insister davantage, sur ces considérations
que nous nous bornons à indiquer, nous observerons
que d'après notre théorie même, par cela seul que les
Lettres dérivent des Cycles chez tous les peuples, elles
ont dû y avoir, elles y ont eu dès l'origine, un ordre
fixe et bien connu. On explique donc naturellement
ainsi, comment on a pu les employer, *tantôt comme
Chiffres*; ce que font les Japonois et les Chinois, quand
par leurs signes des douze heures et des dix jours, ils
numérotent, soit les douze livres dans lesquels ils par-
tagent leurs dictionnaires, soit les dix parties d'une
histoire ou d'un poëme; ce que faisoient également les
antiques éditeurs d'*Homère*, donnant le nom d'une lettre à chacun des vingt-quatre livres de l'Iliade; ce qui
a lieu il semble dans *Hérodote* donnant, dans un ordre
fixe et connu, le nom d'une Muse à chacun des neuf
Livres de son antique et vénérable Histoire; et ce que

<hr>

(1) *Encyclopédie* de Petity, T. II, part II, p. 483. (2) *Ibid.*,
p. 372, et pl. donnant l'*Alphabet Ethiopien*, p. 366.

nous n'avons songé à faire, dans nos dictionnaires par
ordre purement alphabétique, que depuis un temps peu
reculé : *tantôt comme Lettres*, quand dans la Haute-
Asie, on se sert de ces Caractères cycliques *et d'une
figure* d'une *prononciation connue de tous*, pour indiquer, par la méthode du *tsie*(1), le son d'un caractère que
l'on explique, la prononciation d'un mot étranger, le
nom particulier d'un arbre, d'une plante, d'un insecte,
d'un animal, se prononçant de la même manière que
l'un de ces Caractères cycliques; et quand aussi, à la
Chine comme au Japon, on se sert de ces mêmes séries
de symboles, pour indiquer (comme nous le faisons avec
nos Lettres dans les livres de géométrie) le sommet des
angles, les côtés divers d'une figure plane ou solide (2).

Et cette confusion très antique des Chiffres et des Lettres se montre même dans les Symboles hiéroglyphiques
et primitifs d'où ces Chiffres et ces Lettres ont été tirés :
puisque, dans le Cycle de douze, la 7e heure, par
exemple, ou celle de *midi*, offre dans une de ses formes
antiques, l'ancienne forme, surmontée seulement d'un
V renversé, du chiffre *sept* hiéroglyphique, tel qu'on
le voit dans la Série des dix nombres chinois (3) ou
plutôt *Assyriens* (chiffre presque pareil d'ailleurs à notre

---

(1) *Grammaire Chinoise* de M. Rémusat, p. 33, note IIe; et
Supra, dans notre Introduction. (2) *Leçons Orales* de M. Rémusat. *Voir* aussi sur les *Divers Usages des Cycles*, le § 118, p. 52,
de son utile et excellente *Grammaire*. (3) *Voir* notre pl. IV,
pour l'heure de midi, notre pl. VII, pour le chiffre *sept*.

7 arabe pour la figure et, à Canton au moins, se prononçant *Sat*); puisque le 9ᵉ jour, ou 9ᵉ des dix *Kans*, offre
pour figure actuelle encore, une des formes antiques et
faisant image du nombre *neuf* du Cycle des nombres,
celle de *neuf perles* en quinconce (1) : que la *croix ver-
ticale* qu'offre le nombre *dix* des anciens *Hiéroglyphes*
numériques, se retrouve dans les barres croisées
qu'offrent les formes antiques du 10ᵉ jour ou du 10ᵉ *Kan*,
comme aussi, suivant St. Jérôme, on trouvait une croix
pour la forme primitive du *Tau*, 10ᵉ lettre de la seconde
série de l'alphabet, et qui répond à ce dixième *Kan*, et
au nombre *dix* (2) : et qu'enfin, dans la formation même
qui se fit des Lettres alphabétiques d'après ces Cycles à
une époque postérieure, on voit, dans les *alphabets syriaques et arabes*, la lettre A être formée d'un simple trait,
c'est-à-dire du nombre *un* comme étant la première de
l'alphabet : dans l'*alphabet hébreu ou chaldéen* le Beth
n'être autre chose que notre chiffre *deux* vulgaire, très
peu modifié (le *deux* des *Abyssins* par une cause inverse étant le B même des *Grecs*); dans les *alphabets
gothiques et russes* certains I figurés avec une *boule
noire* dans leur milieu, ou une *petite ligne* qui les croise,
ce qui est exactement la figure antique et moderne du
nombre *dix* des Chinois (3), et ce qui représente une des
boules enfilées de l'*Abacus* ou machine de numération

(1) *Id.*, pl. VI et pl. VII. (2) *Id.*, pl. VI et pl. VII.
(3) *Voir* pl. VII.

dans la ligne répondant aux dixaines, comme le fait la
lettre I, la 10ᵉ de la 1ʳᵉ série de celles au nombre de 22, du
primitif alphabet. Tandis qu'en même temps dans la seconde série de dix lettres, dont l'alphabet fut formé
également, à partir de la lettre M : on voit, chez nous,
et encore mieux dans l'alphabet Japonois, la lettre N,
formée de *deux traits*, comme étant la seconde en rang,
et pareille en tout au Japon au chiffre *deux* = des Chinois, se prononçant d'ailleurs *Eul*, ou *Gni*, ou entre le
son N ; la lettre S, ou le *Samech* des Hébreux, la 3ᵉ en
rang, offrir (comme l'ancien *Sigma* dit *San* des
Grecs (1), jusqu'à ce qu'on eût admis le ξ *Xi*), le son
même du *San*, ou du nombre *trois* des Chinois, et du
trois des Géorgiens, dans le Caucase ; le *Xi* majuscule
des Grecs, 3ᵉ lettre aussi après le M, nous présentant
en outre la figure exacte du symbole du nombre *trois*
encore usité actuellement en Chine, c'est-à-dire la figure Ξ : enfin pour ne pas prolonger plus long-temps
cette énumération fastidieuse, le *Aïn* ancien du Samaritain, du Phénicien, et du Grec antique ou Boustro-
phédon, qui est la 4ᵉ lettre après le M, et répond à
notre O, offrir pour forme de cet O, dans les anciens
alphabets grecs, celle d'un *carré* ou d'une figure à
quatre côtés (2), qui est celle du symbole du nombre
quatre dans le chinois moderne (3), et qui, naturelle-

---

(1) Herman-Hugo, *Supra*, p. 72. (2) *Voir* pl. X, T. I, *Nouvelle Diplomatique des Bénédictins*, *Alphabets grecs* de 1200 ans
avant notre ère. (3) *Voir* pl. VII de cet ouvrage même.

ment arrondi dans l'écriture cursive, a donné notre O
actuel, remonté trop haut d'une place dans nos alphabets Européens. Le *Tau* antique des Hébreux, figuré
comme *une croix*, dérivant d'ailleurs de la figure même
du nombre *dix* des Chinois ou plutôt des Assyriens;
parce qu'il est la 10e lettre de la seconde série, nous
l'avons déja fait observer.

Ces Cycles antiques et hiéroglyphiques des douze
Heures, des dix Jours et des dix Nombres se sont donc
sans cesse confondus, soit entre eux, dès la plus haute
antiquité; soit dans les Lettres alphabétiques, que par la
suite on en a dérivées.

Etablis primitivement sans vouloir en former une
Théorie Phonétique, et rapportés seulement aux occu-
pations successives des premiers hommes, soit dans le
jour, soit dans la période de dix jours, qui divisoit le
mois lunaire à peu près en trois parties égales; on voit
comment les Alphabets divers qu'ont donnés ces Cycles,
d'abord écrits en Hiéroglyphes (comme le furent toutes
les premières doctrines des hommes), ont eu des Lettres
d'un *son* semblable, et formant, quant au *son* du moins,
si ce n'étoit quant à l'idée et à la figure, un double emploi, qu'autrement rien ne peut expliquer; on voit en
outre, comment certains *sons* très essentiels ont pu
manquer dans les Alphabets primitifs de vingt-deux
lettres, et ont pu motiver leur augmentation postérieure d'un plus ou moins grand nombre de Lettres; on
voit comment encore, ils ont offert ces vingt-deux

Lettres, dans un ordre très irrégulier, quant à leur distinction en Voyelles et en Consonnes, et quant à l'organe
qui les exprime; les *dentales*, *linguales*, *palatales* et
gutturales, y étant mélangées d'une manière fort peu
méthodique : car cet Ordre savant et grammatical qui
se montre dans les alphabets de l'*Inde* et dans l'alphabet
Dévanagary ou du *Samscrit*, ordre qui range toutes les
Lettres de même organe les unes auprès des autres, et
qui sépare soigneusement les Voyelles des Consonnes,
suffiroit seul pour prouver que cet alphabet *Dévanagary* n'est pas, à beaucoup près, aussi ancien que l'*alphabet sémitique* ou celui des Hébreux, et n'est même
peut-être dû qu'aux Chaldéens (1) ou aux Arabes,
dont l'alphabet, en effet, semble déja commencer à
offrir cet ordre grammatical et systématique, ainsi que
nous avons eu précédemment l'occasion de le dire : ces
idées, ce nous semble, étant même confirmées par
Strabon, quand il cite *Néarque*, nous apprenant que
les Indiens de son temps encore n'avoient pas de *Lois
Ecrites* (2); et *Mégasthène*, qui avoit aussi voyagé dans
l'*Inde*, affirmant positivement que les Indiens ne con-
noissoient pas l'usage des Lettres, *Indi litteras nes-
ciunt* (3).

Et il en est de même, quant à la composition des

---

(1) *History of the European Languages*, etc., Alex. Murray;
Edimbourg et Londres, 1823. *Y voir* une note sur l'*Alphabet
Samscrit*, tiré du *Chaldéen*, suivant cet auteur. (2) Strabon,
liv. XV; § 46. (3) Strabon, § 40 et 47, liv. XV, *idem*.

symboles qui représentent les Chiffres actuels et les premiers Nombres. En vain on a voulu expliquer leur figure, en supputant le nombre de traits ou d'angles que leur forme peut présenter (1); ces explications subtiles, plausibles tout au plus jusqu'au nombre quatre (les trois ou quatre premiers chiffres, formés d'un nombre de traits égal à leur valeur numérique, ayant dû être, ayant été en effet les mêmes chez tous les peuples), ne peuvent se soutenir que d'une manière forcée pour la figure du sept, par exemple, et pour notre ancien huit, celui des Arabes actuels; tous deux formés de deux simples traits, ou d'un V incliné ou renversé. L'homme n'invente pas avec cette méthode de géomètre ou de grammairien : c'est sans le savoir, et malgré lui souvent, qu'il est amené aux connoissances les plus sublimes; et l'on a vu *Képler*, entraîné par des Idées Cabalistiques, arriver cependant aux plus belles découvertes sur les lois qui régissent les Corps Célestes dans leur marche admirable et constante.

Le nom même donné, soit à l'Arithmétique, ou la science des Nombres (Αριθμος), science nécessaire pour celle du rhythme (Ρυθμος) ou de la mesure : soit à l'Algèbre (déjà connue avant Diophante, et dont d'Herbelot dérive le véritable nom de *Gebr*, qui, au propre, signifie, dit-il, la *réduction des nombres rom-*

---

(1) Whachter, *Naturæ et Scripturæ Concordia*, § 325, 326, savant ouvrage que nous a également prêté M. Stapfer.

pus à un nombre entier, AL étant l'article; et les Arabes
la rangeant dans les règles d'*Elm al Hessab*, c'est-à-dire
de la science des Nombres, de l'*arithmos* des Grecs);
ce nom, disons-nous, étant, chez les *Persans*, désigné
par le mot d'*Abged*, qui, nous dit *Chardin*, dérive des
quatre premières lettres *a*, *b*, *g*, *d*, de l'alphabet Sémitique et primitif; et, suivant le *Bija-Ganita*, ouvrage
de l'Indien *Bhascara*, l'algèbre, ou plutôt les Lettres
symboliques qui donnent le calcul des sourds ou des
radicaux, étant nommée *Abekt* dans les Indes (2), c'est-
à-dire ayant le même nom que l'arithmétique ou *Abged*
des Persans (ce qui incidemment nous démontre que
les Indiens dont l'alphabet suit un tout autre ordre, et
commence par les divers *k*, ont reçu cette science,
comme toutes leurs doctrines, de la Perse ou de la
Bactriane, ainsi que l'avouent leurs brahmes venus du
Nord, disent-ils) : il en résulte évidemment que les
Lettres, dans l'ordre même qu'elles suivent dans l'Alphabet primitif et Sémitique de vingt-deux Caractères,
ont donné naissance aux Chiffres et aux calculs, aussi
bien qu'à l'Algèbre elle-même, où l'on a fait seulement
abstraction de leur valeur numérique, dérivée de leur
rang : aussi la Machine même employée pour compter
par les anciens Romains, et retrouvée encore en
usage, chose très remarquable, à *Siam*, par *Lalou-*

---

(1) Chardin, in-4°, T. II, p. 111. (2) M. Delambre, T. I,
Hist. Astron. ancienne, p. 556.

bère, et, en *Chine*, par les *missionnaires* (1); cette machine nommée, *Suen-pan*, ou *machine des Nombres* dans
l'antique écriture hiéroglyphique, a-t-elle été appelée
Abacus, ou servant à calculer par les Lettres ou Nombres A, B, C, par les Romains, qui sans aucun doute
avoient reçu ce nom de l'Orient, et probablement de
la *Perse* même, aussi bien que les Indiens actuels pour
leur *Abekt :* aussi *Boëce*, écrivant au 6ᵉ siècle de notre
ère son traité *de Geometria*, nomme-t-il du nom d'*A-
pices vel characteres*, qui n'est au fond que celui d'*Abacus* très peu modifié (les voyelles se permutant sans
cesse dans les langues anciennes), ces Notes Numériques dont se servoient *les Pythagoriciens*, dit-il, Notes
où *Vossius* aussi bien que *Montucla*, ont vu nos Chiffres
Arabes actuels, et où spécialement notre *sept*, notre
huit, notre *neuf* se font remarquer tels que nous les
faisons encore en ce moment (2)

Tous ces noms *Abged*, *Abeckt*, *Abacus*, *Apices*,
presque identiques, dérivant également des trois ou
quatre premières lettres de l'alphabèt, et n'étant même
au fond, que le mot même *Abc*, dont nous nous ser-
vons encore, ou celui d'alphabet, *alpha-béta*, dérivé du
son des deux premières lettres grecques, ayant été
donnés primitivement, étant encore donnés en Orient

---

(1) *Voir*, dans Hager, *An Explanation of the Element. Cha-
rac. of the Chinese*, p.. x, le dessin de cet instrument pour compter. (2) *Transactions philosoph.*, an 1735, n°. 439; *Dissertation*
de M. Ward, pl. I, fig. 4.

à l'Arithmétique comme à l'Algèbre, nous avons donc
par là une nouvelle démonstration évidente que l'art des
Nombres ne fut dans l'origine que celui des valeurs numériques assignées aux Lettres dans les Cycles fixes et
immuables dont elles étaient dérivées (1). Les Lettres
ici étoient donc encore des Chiffres, et c'est ce que
nous avions déja prouvé de dix autres manières précédemment; mais ce qui vient, on le sent, confirmer
de la manière la plus complète, notre théorie sur l'usage
universel et antédiluvien, des Cycles dont dérivent tous
ces premiers éléments de nos sciences.

On nous objectera cependant peut-être, que nos
Chiffres Arabes actuels, supposés généralement Indiens
d'origine, sont tout-à-fait modernes et regardés par
J. Scaliger, *Vossius*, *D. Calmet*, *Ward*, et beaucoup
d'autres auteurs, comme employés au plus depuis le
13ᵉ siècle de J.-C. chez les Européens : or, si les Chiffres,
dira t-on, tiennent de si près aux Alphabets, l'emploi
comme Chiffres des Lettres qui ont donné nos signes
numériques actuels, auroit dû avoir lieu dès la plus
haute antiquité, non-seulement en Asie, mais aussi en
Europe, et chez les *Romains* comme chez les *Grecs :*
c'est ce que nous pensons en effet, et nous pouvons ici
d'après M. de Humbolt (2), citer M. Gatterer qui croyoit
que *Pythagore* et même *Cécrops* avant lui (si toute-

---

(1) *Voir* Montucla, *Hist. des Mathém.*, T. I, p. 46, admettant
aussi que les Alphabets durent naturellement servir de chiffres.

(2) *Monuments Mexicains*, T. II, p. 393.

fois ce dernier a existé à l'époque où on le place com-
munément), avoient connu notre système décimal
actuel; qu'il s'étoit mystérieusement conservé chez les
Initiés aux doctrines de Pythagore ; et que cultivé par
un très petit nombre de Géomètres, comme le sont encore les hautes sciences mathématiques actuellement,
il avoit pu très-facilement se perdre et se détruire lors
de l'invasion des barbares, et avoir eu besoin d'être
introduit une seconde fois en Europe, par les Arabes
pour arriver jusqu'à nous. Dès une époque bien plus ancienne en effet, on voit déja Isidore de Seville, et le vénérable Bède attribuer soit à *Pythagore*, soit à *Nico-
maque* l'invention des Chiffres : Platon dans sa *Répu-
blique* (1), et St. Athanase (2) postérieurement les font
créer par *Palamède*, au temps de la guerre de *Troie :*
Tite-Live (3), les attribue à Minerve. Et quant à la
science des nombres et des calculs, on l'attribue généralement à *Mercure*, c'est-à-dire au *dieu des Lettres*
nous dit la nouvelle diplomatique, à *Theutdémon*, à la
prétendue déesse *Numéria*, et sans se jeter dans la ré-
gion des fables, aux *Phéniciens* enfin, ce peuple com-
merçant par excellence et auquel M. *Gatterer* attribue
également l'invention de l'art des calculs (4).

En combinant les découvertes récentes sur l'Égypte
avec ce que nous rapportent les Livres Assyriens et An-

---

(1) Plat., lib. 7.   (2) Athan., *Advers. gentes.*   (3) Tite-Live,
lib. 7, cap. 5.   (4) Gatterer, sur *Cyrus*, p. 586.

tiques, conservés actuellement en Chine et dans la Haute-
Asie, nous allons incessamment remonter d'une manière plus certaine au véritable Inventeur de la science
des nombres et des calculs, si toutefois il n'est pas encore caché sous un nom allégorique, et nous verrons
qu'il est du même temps que le personnage nommé
Ta-nao, dont nous avons parlé précédemment, et auquel on attribue l'invention des Cycles relatifs aux
heures et aux jours. Mais quant aux Chiffres Arabes
eux-mêmes que M. *de Villoison* (1), cité par *Hager* à
cet égard, a prouvé être très anciens et qu'il croyoit dus
aux Romains; nous avons déja vu qu'ils se trouvoient
sur les bandelettes des momies, et quelquefois aussi
tels que le *deux*, le *quatre*, etc, dans les alphabets démotiques égyptiens; que les neuf *Apices* ou Notes pythagoriciennes de *Boëce*, en présentoient quelques-uns;
nous ajouterons seulement que *Vossius*, et d'autres ont
voulu les voir aussi dans les notes de *Tiron* et de *Se-
nèque* (2), où certains ont lu plutôt les Lettres initiales
des Nombres qui y correspondent : qu'introduits en
Espagne, sous le calife *Aaron Raschid*, vers l'époque
de 809 après J.-C., ils y furent connus ensuite par Gerbert depuis Pape sous le nom de Silvestre II, qui mou-
rut en 1003, et qui avait écrit la *Rithomachie* ou le combat
des Nombres, et un autre livre intitulé *Abacus* : Berne-

(1) Villoison, *Anecdot. Græc.*, Venet, 1781, T. II, p. 122.
(2) Voir *Transact. Philos.*, pl. I, fig. 3, n° 439, an 1735.

lin son disciple ayant également publié un livre intitulé *de Abaco et numeris* : et cela dès le 10ᵉ siècle (1) :
qu'enfin nous avons nous-même retrouvé et copié à
Laruns près des *Eaux chaudes*, dans les Basses-Pyrénées
et sur les frontières immédiates de l'Espagne, des dates
nombreuses et remarquables par leurs ornements et
leur franche et belle exécution, de 1115 et 1118 ; dates
gravées sur les ceintres des portes d'antiques maisons
d'un style mauresque (appelées maisons *casalés* dans
le pays), et sculptées en relief dans le creux comme elles
l'auroient été par les anciens Égyptiens; ce qui nous
semble digne de quelque attention, et ce qui vient puissamment confirmer les idées, déja émises sur l'introduction par l'Espagne, de nos Chiffres actuels, reçus
sans doute alors pour la 2ᵉ fois (2).

Et quant au Nom d'*Abacus* qui se retrouve encore
ici, et que *Gerbert* comme son disciple *Bernelin*, donnoit à l'arithmétique, Nom d'origine Persane et nullement Indienne (nous l'avons indiqué) , *Guillaume de
Malmesbury* (3) nous disant, sous l'année 999 : « ce fut
« certainement *Gerbert* qui ayant dérobé aux *Sarrasins*
« *la table qui leur servoit pour compter*, donna des rè-
« gles, que nos calculateurs ne peuvent comprendre
« qu'après un pénible travail. » ne nous prouve-t-il
pas par ce passage précieux de son histoire, que le

(1) *Fortia d'Urban*, T. II, art. 149, p. 325, 326. (2) *Voir*
notre pl. VII. (3) *Hist. Angl.*, l. 2, c. 10.

Système actuel de notre Numération Décimale, marcha toujours avec cette machine à calculer, cette *Table* ou *Abaque* des anciens Romains, le *Soen-pan* des Chinois; et puisque les *Romains* la possédèrent long-temps avant les *Sarrasins*, ce fait seul ne démontre-t-il pas que les *Pythagoriciens* (1), ou les Initiés à la science des anciens temps, les anciens Philosophes Étrusques peut-être, se servoient déjà de notre système de position décuple des Chiffres, en raison de la place, à la gauche les uns des autres, qu'on donne à ces Chiffres ; système qui n'est que la peinture exacte de ce qui se passe sur *l'Abaque* ou le *Soen-pan* de la Haute-Asie, comme l'a observé M. de *Humboldt*, et le docte *Hager* (2) avant lui peut-être.

Si nous fouillons en effet dans la Langue et l'Écriture hiéroglyphique, encore vivante aujourd'hui dans la Haute-Asie, et importée là de la *Bactriane* ou de l'*Asie centrale*, nous l'avons indiqué (et nous espérons le démontrer historiquement un jour), nous verrons, qu'outre une Méthode vulgaire de compter par *cinq*, qui

---

(1) Montucla, *Hist. des Mathém.*, a déjà indiqué la ressemblance frappante, et que nous montrerons bientôt, entre les *Chinois* et les *Pythagoriciens*, en ce qui a rapport aux nombres. Aristote attribue à ces Pythagoriciens l'invention de l'arithmétique; et Pythagore, célèbre pour la science des nombres, ne l'est pas moins par son système musical, système que M. l'abbé Roussier a retrouvé en Chine, dans le livre du P. Amiot sur la musique des Chinois. (2) Hager, *Mém. sur les Chiffres Arabes, Bibliothèque Britannique*, T. 50, 1812, pag. 37 et 48.

dérive tout naturellement de la peinture de l'usage suc-
cessif des deux Mains, quand on les emploie à compter
sur ses doigts; Méthode qui est encore usitée par les
Marchands chinois, aussi bien qu'elle le fut chez les
Romains, et dans les calculs de nos *Anciens financiers*,
et que nous employons également pour la Pagination
des préfaces; sans qu'elle soit aucunement la preuve
d'un défaut d'intelligence et de capacité, chez les peuples qui s'en servent (ce qui a pu se dire seulement à
l'occasion de quelques peuples d'Afrique et d'Amérique
qui en font usage également); nous verrons, disons-
nous, qu'outre cette *arithmétique quinaire*, notre Système de Numération s'étendant jusqu'à *dix*, exista de
tout temps; car l'un des Caractères symboliques de cette
antique langue hiéroglyphique, qui ont la signification
de *compter, supputer*, se compose de la *clef des paroles*,
et du symbole de *dix*, c'est-à-dire peut donner le sens
de *parler, compter ou supputer par dix* (1); et il explique même peut-être, comment dans beaucoup de langues, *compter et conter, raconter*, s'expriment par des
mots presqu'identiques : en outre, on déduisit d'ailleurs, nous l'avons dit, un Cycle particulier des dix
nombres, des deux Cycles primitifs des jours et des
heures : et comme les Symboles des nombres *cent, mille*,
et *dix mille*, existent de tout temps dans cette ancienne

(1) Caractère *Ky*, n° 9943, *Dictionnaire* de Deguignes.

écriture , il est donc évident que l'on procédoit par les puissances de Dix , dès ces temps reculés.

Mais cette Numération Décimale , ne sera point encore la dernière usitée dans l'écriture hiéroglyphique; car elle nous offre également un Caractère propre et d'un Son particulier, pour le nombre *Vingt*(1), prononcé *Nien* ou *Jy*, et non point *Eul-chy*, ou deux fois dix : et, bien que ce Caractère semble d'abord avoir été formé de deux symboles de Dix rapprochés, ainsi qu'on le fait chez les Romains; comme il est modifié dans le bas, ce qui indique sans doute , qu'outre les mains on devait compter les doigts des pieds, pour obtenir ce nombre Vingt, son existence seule démontre, que la méthode des anciens *Parses* dans le *Pehlvy* , celle des *Géorgiens*, des *Ecossois*, des *Irlandois*, la nôtre même (dans l'expression du nombre que nous appelons *quatre-vingts*), et qui consistoit à supputer par Vingtaines, au lieu de Dixaines, ainsi qu'on l'a retrouvé en Amérique , chez les *Muyscas* , le *Guaranys* et les *Mexicains*, a aussi été établie dans l'antique et primitive Ecriture en Hiéroglyphes (2).

Le dixième jour ou le dixième kan (3) lui-même qui dans le *Kia-tse*, ou Cycle de soixante a répondu, non-seulement au dixième numéro de ce Cycle, mais encore au vingtième numéro de ce même Cycle, ou au nombre Vingt ; et qui, sous la clef de la Marche ou des Pieds

(1) Deguignes, *Dict. Chin.* , n° 2589. (2) M. de Humboldt , *Monum. Mexicains*, T. II, p. 231, 234, 237, in-8°. (3) Deguignes, *Dict. Chin.* , n° 6479, traduit par *Reverti* , ire.

Ecartés en dehors, nous présente, dans une de ses formes antiques, les quatre Membres réunis, ou aussi un
Quarré posé sur sa pointe et divisé en quatre autres
petits quarrés, nous offre donc sous l'une ou l'autre de ces formes, une expression du nombre *Vingt*,
que l'on rendoit, chez les *Muyscas* d'Amérique,
par *pieds finis* (ou épuisés après le compte par les
mains), disant d'abord Pieds un, Pieds deux, Pieds trois
etc., pour onze, douze, treize, etc., jusqu'à vingt; tandis que chez les *Mexicains*, un Etendard quarré, divisé
en quatre autres quarrés par deux lignes croisées, étoit
aussi le symbole de ce nombre Vingt, suivant ce que
nous rapporte M. de *Humboldt* de la Numération de ces
deux peuples (1).

Toutes les nuances de ces Méthodes Américaines, se
retrouvent donc dans les formes antiques de ce dixième
Kan, pris lorsqu'il se trouve au Vingtième rang du *Kia-tse*;
et ce qui achève de démontrer que dans les temps les
plus anciens, on a aussi calculé par *Vingtaine* dans
l'Ecriture Symbolique, c'est que ce dixième *Kan*, qui
offre principalement la figure des Pieds dans sa forme
moderne, étant combiné avec la clef des Mains, donne
un Caractère qui se prononce *Kouey* (2) et qui signifie
encore, *compter, supputer, calculer, conjecturer*; toutes
idées qui s'expriment aussi par la phrase *Kouey-ye* (3)

---

(1) *Monuments Mexicains*, T. I, in-8°, p. 369.   (2) Morrisson,
Dict. Tonique, n° 6758.   (3) *Ibid.*, n° 6758, et n° 12175.

ou *aller de un à vingt*, épuiser le compte des vingts
doigts. On ne peut donc, que conclure de tout ce qui
précède, que les Systèmes de Numération par Cinq, par
Dix, et par Vingt, c'est-à-dire, par une main, deux mains,
et par les deux mains et les deux pieds, ou les Vingt
Doigts des quatre Membres, les seuls qu'aient eus les
hommes, comme la très bien développé M. le *baron de
Humboldt* (1), ne sont pas particuliers à tel ou tel autre
peuple, mais ont été puisés par eux dans l'Ecriture primitive et hiéroglyphique, Centre commun de toutes les
Connoissances des premiers hommes après le Déluge;
Ecriture qui nous offre encore un champ immense à dé-
fricher.

Et ici nous n'avons pas mentionné l'Arithmétique Binaire, imaginée par *Leibnitz*, sur les *Kouas* de *Fo-hy*
dont le véritable usage lui fut mal exposé; car ces huit
groupes antiques dont le nom signifie *Suspendre*, et
qui nous rappellent ces Symboles, Suspendus lors des
fêtes publiques en Egypte, aux huit Mâts, que suppor-
toient quatre par quatre les deux Pylones des Temples
Antiques de cette curieuse contrée, n'ont nullement été
le type d'une Arithmétique par *Deux*, dont l'emploi, suivant *Leibnitz* lui-même, auroit été d'ailleurs si incom-
mode.

Origine de notre système occidental, et pris beaucoup trop à la lettre, des quatre Eléments, que l'on fai-

(1) Monum. Mex. T II, p. 237.

soit répondre, sous les noms de *purs* ou *impurs*, à chacun de ces *Huit-Kouas* (1); Orientés par rapport aux quatre points cardinaux, et aux quatre points intermédiaires, et en cette qualité figurant encore, aussi bien que les dix premières heures et les dix symboles des jours, sur les divisions de la BOUSSOLE (2), *ce qui seul prouveroit qu'en Chine, ou du moins dans l'Asie centrale, cet instrument remontoit à la plus haute antiquité* (3), ces *Huit-Kouas*, étendus ensuite au nombre de soixante-quatre, par leur combinaison deux à deux, n'étoient suivant nous, qu'une sorte d'écriture analogue à celle de nos Télégraphes, et aux *Quipos* des Américains que mentionne aussi la Chine aux temps prétendus de *Souy-gin* (4).

Monuments de la force de tête des premiers hommes et de leur admirable mémoire, lorsque, venant de sortir

---

(1) *Voir* notre pl. II; et Hager, *An Explanation*, etc., p. VI; et *Chou-King*, Deguignes, p. 352, 353, et pl. IV. (2) *Voir* notre pl. I, le plan de la Boussole. (3) Barrow, T. II, *Voyage en Cochinchine*, traduction de M. Malte-Brun, p. 341. Suivant M. Légoux de Flaix, *Essai sur l'Indoustan*, Tom. I, p. 16, ce fut l'Indien Sarsdana, qui, en l'an 37 de notre ère, découvrit la Boussole ; mais nous renvoyons aux excellentes raisons qu'apporte M. Barrow. Et quand Ptolémée parle des isles de la mer des Indes, attirant les vaisseaux par leurs montagnes d'Aimant, nous y voyons plutôt la Boussole, les vaisseaux des Indes étant construits sans fer, en cocotier, et seulement cousus ; car, mentionné sous *Tcheou-kong* et *Hoang-ty*, nous croyons cet instrument, où l'on a vu la flèche qui servoit à Abaris à voyager dans les airs, un débris de la science des anciens. (4) P. 4, T. I, *Histoire de la Chine*, Mailla.

des mains de Dieu, la première famille humaine jouis-
soit encore de toutes ses facultés.; on avoit donc rap-
porté à ces *Kouas* non-seulement toutes les idées physiques dès lors établies, et que l'usage seul de la Boussole
montreroit n'avoir pas été aussi bornées qu'on le suppose
maintenant; mais aussi les Principes et les Préceptes
Moraux les plus élevés : comme leur emploi tient de
près à l'invention de l'écriture, nous avons dû ici, développer les idées, que nous nous en sommes formées
après de mures réflexions; on peut voir dans le *Chou-
king* l'analyse détaillée que donne de l'un de ces Hexa-
grammes, le savant Père *Visdelou* (1); et certes, les
idées d'humilité presque chrétienne que l'on y verra
développées, bien que revêtues de formes antiques et
un peu obscures, n'en devront pas moins confirmer
l'aperçu que nous donnons ici de ces antiques et singuliers Symboles.

Ces Premiers Principes établis sur les divers Systèmes de Numération qui ont pu être usités dès la plus
haute antiquité, si l'on nous demande maintenant quel
fut l'Inventeur de ces systèmes, et à quelle date cette
invention peut remonter, nous répondrons que cette
date est encore celle de *Hoang-ty*, où nous voyons
Adam, et que le nom de ce contemporain de l'inventeur des Cycles et du *Kia-tse*, TANAO, fut *Ly-cheou* (2);

---

(1) *Chou-King*, p. 418, *Notice sur l'Y-king*, livre de *Fo-hy*,
par le P. Visdelou : 1er livre sacré des Chinois. (2) Deguignes,
Dict., nᵒ 11868, *Ly*, et 12447, *Cheou*.

Nom qui, ainsi connu des Européens par sa seule prononciation, ne pouvoit donner lieu à aucun rapprochement; mais qui, étudié dans le Chinois même, nous offrant un Symbole où, répété deux fois (1), on trouve
le nom d'une espèce particulière de *murin* ou de *blai-*
reau, nous amène à y voir ce même Personnage qui,
dans tous les monuments chronologiques de l'Egypte (2),
tenant d'une main un Bâton Crénelé (3), semble de l'autre
main avec un Style ou un Pinceau marquant l'un des
Crans, ou écrivant des Noms, indiquer le Nombre des
années écoulées, ou la Date. Or, ce Bâton Recourbé
par le haut, et dans cette courbure, supportant toujours une petite figure, que l'on pourroit très bien regarder comme la peinture abrégée d'une *Abaque* ou
Machine à calculer, offre sur tous les bas-reliefs, dans sa
partie inférieure ou pour support, un animal du genre
mus ou *sorex ;* et chez les *Indiens* également (4), leur
Ganésa, inventeur du Calcul et des sciences, *Maître de*
l'Assemblée des Nombres, est toujours figuré *assis sur un*
Rat ou sur un Loir, nous dit-on, ou du moins a auprès
de lui cet Animal symbolique qui porte dans les Indes
le nom de *Pirousali* (5). Il est donc de toute évidence,

---

(1) Deguignes, *Dict.,* n° 11868 *Bis,* caractère dit *Sy.*
(2) Caillaud, *Voyage à Méroé,* pl. 72, vol. II, *Monument d'A-*
bydos. (3) Deguignes, *Dict. Chinois.* Voir clef 171, et clef 129
qui s'y substitue. (4) T. I, *Recherches Asiatiques,* traduction
françoise, note 14, p. 221. (5) Ce nom de *Pirousali,* l'un de
ceux que portoit sans doute Ganésa ou *Ly-cheou,* à tête de Rat, en

que la *Chine*, l'*Egypte* et les *Indes* s'accordoient à
prendre le *Rat* ou un animal analogue pour symbole de
l'Inventeur des calculs et de la chronologie ; et si ce
Bâton Crénelé que tient le Calculateur Egyptien étoit de
soixante Crans, par exemple, ou même de trente (car
l'inscription de *Rosette* mentionne des Cycles de 30 ans
ou des demi-cycles de 60, demi-cycles *Kia-tse*), on
concevroit alors facilement, comment les Thibétains et
les Mongols, employant au lieu des 12 Heures, les 12 Animaux dans leur Cycle de 60 ou leur *Kia-tse* modifié, et
le Rat ou la Souris dans ces 12 animaux, répondant au
symbole *Tse* (1) de la 1re heure, et s'y substituant au
Thibet et chez les Mongols, il put en être de même en
Egypte ; et comment on put, en comptant sur ce Bâton
Crénelé de bas en haut, mettre dans sa partie inférieure
le *Rat* ou la *Souris* symbole de la 1re année, et figuré
avec un corps d'homme (nous l'avons indiqué déjà), près
de la constellation du Verseau, dans le zodiaque mutilé
d'Esné ; ce Signe, en effet, répondant à l'heure dite *Tse*,
dans l'ancien système chinois.

Si cet antique *Ly-cheou* inventa l'art de Calculer et
de supputer les dates, par la combinaison ingénieuse
des Cycles, primitivement établis par son contemporain
Ta-nao ; on voit donc, comment le nom d'une espèce

Occident et dans la Chaldée, nous amène peut-être au nom de
ce *Bérose* mystérieux, lettré et astronome, historien, jouant à Babylone le même rôle que le *Thot* égyptien, en Egypte. (1) Clef 3q.
Dict. Chinois, Deguignes.

particulière d'animal du genre *mus*, put entrer dans
son nom symbolique, comme il entre, toujours aussi
dans la figure de *Ganésa* chez les Indous ; on voit comment en grec (1), aussi bien qu'en hébreu (2), les Noms
qui expriment *nombres* , *calculs* , *compter*, sont presque
identiques avec ceux que l'on y donne à ces animaux du
genre *mus* (ce qui , dans deux langues aussi essentiellement différentes, ne peut être que la traduction par
des Sons divers de deux mêmes Hiéroglyphes) : aussi
Horus-apollon (3), en nous en donnant toutefois une
raison ridicule, nous dit-il que le Rat, symbole de *destruction* , comme le *Pirousali* des Indiens, étoit en
outre , chez les Egyptiens en particulier, l'*Hiéroglyphe
du jugement et du discernement par excellence ;* ce qu'il
explique d'une manière absurde, mais ce que nous
concevrons mieux que lui maintenant, si les rapprochements que nous venons de présenter sont fondés ;
car, en effet, pour s'élever dans ces hautes régions où
surent planer les *Newton* et les *Lagranges*, c'est d'un
jugement pénétrant que l'on a principalement besoin , et
c'est par cette faculté essentiellement, que l'on pouvoit
établir ces Cycles et ces Calculs ingénieux encore employés de nos jours, dont cet Hiéroglyphe , par sa

---

(1) Ἀριθμός, et μῦς. (2) *Saphar*, compter, d'où on a même tiré
Chiffre , et *Schaphan*, espèce de rat ; mêmes sons et lettres différentes, mais qui se substituent souvent, qui sont de même organe.
(1) Hor. apol. , lib. I, *Hierogl.* , 48.

position à la tête du Cycle des 12 animaux, devint un signe abrégé, aussi bien que de leur Inventeur.

Ainsi s'expliquent encore sans aucun doute, ces deux Rats figurés autrefois sur le trône du poétique *Homère* ; ainsi on conçoit comment certains composés du Caractère (1) qui entre dans le mot *Ly*, du nom de ce *Ly-cheou*, ou du moins de sa variante fréquente (2), offrent, tels que le caractère *Tchao* (3), les idées de *perspicacité*, *habileté*, *intelligence* : comment ce même caractère *Tay* (4), qui fait partie du nom *Ly* de *Ly-cheou*, offre, ainsi que le *Rat*, dans *Horapollon*, les idées de *destruction*, de *dissolution* ; comment il entre dans la forme complexe du nombre *quatre* en Hiéroglyphes (5) ; nombre qui répond aux lettres D ou T dans les Cycles, et nous amène ainsi à *Thoth*, *Tat* (d'où vient peut-être même notre mot *Date*), ou enfin à *Hermès*, inventeur des Nombres et des Sciences nous dit toute l'antiquité, et dont ce calculateur égyptien, ayant le plus souvent une tête d'*Ibis*, n'est en effet qu'une figure bien connue (6) ; comment enfin le nom *Ly* (7) de ce personnage *Ly-cheou*, *Hermès* de la Haute-Asie, est encore le nom d'une Écriture fort célèbre, inventée, dit-on, du temps des *Hans* seulement, ou postérieurement à l'an 206

---

(1) *Dict. Chinois* de Deguignes, n° 11865, ou clef 171.
(2) *Ibid.*, n° 8389, ou clef 129. (3) *Ibid.*, n° 8391.
(4) *Ibid.*, n° 11866. (5) *Voir* pl. VII. (6) Caillaud, *Voyage à Méroé*, pl. 72, vol. II; à *Abidos* ou *Thèbes*. (7) *Dict. Chinois*, Deguignes, n° 11868.

avant Jésus-Christ (1) (ce dont nous doutons très fort),
mais qui se nommant encore Ecriture *Pa-fen-chu*, c'est-
à dire, Ecriture des *huit traits* ou *divisions*, nous conduit
de nouveau aux idées de *Thoth* ou *Hermès*, dont l'Epithète constante dans les Hiéroglyphes Egyptiens, est
celle de Seigneur *des huit lettres divines* comme la lit
M. le Dʳ. *Young*, et non point Seigneur des huit régions, comme le croit à tort M. *Champollion le jeune* (2).

Aussi, ces Livres Antiques de la Haute-Asie, que nous
aimons à citer parce qu'ils ont été trop peu médités et
appréciés jusqu'à ce jour, faute de comprendre la signification de tous les Noms Propres qu'ils présentent,
s'expriment - ils ainsi sur ce Personnage célèbre, où
nous croyons retrouver un des *Hermès* : « *Hoang-ty*,
« disent-ils, ordonna à *Ly-cheou*, de travailler sur le
« Calcul. » ou plus littéralement, de faire les Nombres
(*Soen-sou*) (3) : « il inventa *l'Arithmétique*, et déter-
« mina la manière de compter par neuf. » C'est-à-dire
suivant nous, il créa la Table attribuée ensuite à *Pythagore*; le nom *Kieou-Kieou* (4), ou *neuf par neuf*, si-

---

(1) *Grammaire* de M. Rémusat, p. 5, § 13, où cette écriture
est figurée. (2) *Précis du Système Hiéroglyphique*, pl. 20, n° 420.
Ce qui a induit en erreur M. Champollion, c'est qu'il existe dans
l'antique écriture hiéroglyphique où nous puisons, un caractère
Hoá, n° 6221 (*Dict.* de Deguignes), où entre champs, champs
cultivés, et qui signifie *écrire, peindre*, cependant. (3) Deguignes,
Dict. Chinois, n° 7504, et n° 3769. (4) Deguignes, *Dict. Chinois*, n° 51 et n° 51, ibid.

gnifiant déja *Arithmétique*, *art du calcul*, dans l'Écriture Hiéroglyphique et Centrale.

« C'est en conséquence de ces calculs, » ajoutent ces livres, « que *Ling-lun* » qu'on fait venir du pays à l'Ouest du *Ta-hia* ou Khorassan (1), c'est-à-dire naître dans *l'Assyrie* ou la *Chaldée*, « trouva et régla les douze *Lu* (2) » ou les douze Rhythmes, Tons musicaux, dont six majeurs et six mineurs ; « l'art de régler les di- « mensions consiste dans les *Mesures et la Balance* : on « leur donna des Noms, on détermina leurs usages, on « put alors comparer les Poids et l'Etendue. (3) »

Et ailleurs (4), Deshauterayes traduisant le *Ouay-ki*, dit que le même personnage *Ly-cheou*, inventa le *Souen-pan* (5) ou *l'Abacus*, qu'ont décrit Martini et la Loubère, dont nous avons déja suffisamment parlé, et que nous croyons voir nous le répétons, suspendu à la partie recourbée, de ce Bâton Crénelé que tient le *Thoth* Egyptien à *Tête d'Ibis*, quand il remplit la fonction de Calculateur et de Généalogiste, comme il le fait dans les nombreuses peintures des Manuscrits funéraires et autres.

Ces Nombres qu'invente ce Personnage réel ou allégorique, mais indubitablement très ancien, puisqu'il se

(1) P. cxxxj, *Chou-King*, Introduction. (2) Deguignes, *Dict. Chinois*, n° 1181. (3) P. 236, T. XIII, *Mém. concernant les Chinois*, P. Amyot. (4) Goguet, T. III, p. 273, *Origine des Lois*, etc. (5) Deguignes, *Dict.*, n° 7504, *Souen* ; et n° 6570, *Pan*.

trouve mentionné avec les mêmes Caractères, en *Egypte*
dans les *Indes*, en *Chine*, parcourons les donc rapidement maintenant : établissons leurs analogies nombreuses avec les *Lettres Egyptiennes*, avec nos Chiffres
eux-mêmes; et à l'aide des autres Cycles, qui se substi-
tuoient sans cesse au Cycle des nombres, montrons
leur rapport frappant avec les Noms de Nombre des
Muyscas du *Plateau* de *Bogota* en Amérique, Peuple
chez lequel M. de *Humboldt* a déja signalé plusieurs rapports très réels avec les Nations de la Haute-Asie : examinons enfin, dans les Noms de Nombres, leur Valeur
hiéroglyphique propre, bien qu'on ait paru s'étonner
qu'ils aient pu signifier tout autre chose que des Nombres; comme si l'antique Orient n'attachoit pas des
idées Symboliques à tout ce qu'il concevoit; comme si
les *Pythagoriciens* en particulier, n'avoient pas fait des
Nombres, des Emblêmes de toute la Nature.

En considérant les Noms de Nombre dans leur ensemble, nous verrons d'abord que *Confucius*, aussi
bien que *Pythagore*, et d'après une Théorie qui leur
étoit fort antérieure, divisoient tous les nombres en
Impairs ou Célestes, et en Pairs ou Terrestres, ou
aussi en mâles et femelles; et cette division se trouve
déja marquée dans la *Table mystérieuse* du *Ho-tou*,
ou *Table sortie du fleuve*, qu'on attribue à *Fo-hy*, et
d'après laquelle, dit-on, il fit ensuite les *Huit-Kouas* (1).

_____

(1) *Chou-King*, Annotation de M. Deguignes, p. 352, et pl. IV,

Commençant ensuite par l'UNITÉ (1), nous y verrons
encore ces mêmes Idées Pythagoriciennes, car, outre le
simple trait, couché dans l'Ecriture savante, droit, dans
les Chiffres du commerce, et prononcé, i, comme le nombre I, ou *Un* chez les Romains, première analogie de quelque intérêt ; nous trouverons encore la Flèche qui est le
symbole de ce nombre *Un*, et dans la forme complexe
de ce nombre, *un large vase* surmonté d'un couvercle
et contenant le symbole de *Félicité*, *Bonheur*, qui lui-
même offre le caractère *Sagesse*, *Vertu* : or Dieu étoit
en effet dans le Style Antique, le Vase de sagesse par excellence, la source mystérieuse du Bonheur, la *grande
et suprême Unité* : et ces idées élevées et vraies, ont si
bien été marquées dans ces Nombres symboliques,
qu'un Vase entièrement pareil au précédent, mais renfermant le caractère *Malheur*, est le symbole de la
Terre, c'est-à-dire, de la Matière, source des malheurs
de l'ame (2). Et quant aux Lettres et aux Sons qui ont
pu répondre à ce nombre *Un*, nous voyons chez les
Arabes et dans le Syriaque une simple ligne, figurer la
lettre *A*, qui dérive de la première Heure, nous l'avons
déja dit : c'est-à-dire ici, le chiffre *Un*, exprimer le son *A*
qui entre en effet dans le nom du nombre *Un*, au *Japon*, en *Amérique*, chez les *Russes*, les *Basques*, et

---

fig. I, où les nombres impairs sont marqués en blanc, les pairs
en noirs. (1) *Voir* pl. VII de ce Mémoire, et Deguignes, n° 1, *Ye*.
(2) Klaproth, T. II, *Mém. relatifs à l'Asie*, p. 102, n° 4829, et
n° 4830.

dans plus de vingt Langues sur soixante-douze des principales Langues du monde, dont nous avons dressé le tableau comparatif, quant aux Noms de Nombre : ce Son de la lettre *A* se trouvant dans le nom *Kia* (1), du premier jour, et dans le nom *Kia-tse* du premier caractère du Cycle double de 60 (2).

En outre ce nombre *Un*, dit à Canton *Yik*, ou ce premier Caractère du Cycle de dix, *Kia*, a évidemment donné naissance à l'*Eca* du Samscrit, l'*Akhad* des Hébreux, qui tous deux sont le nom du nombre *Un* dans ces Langues, et expliquent la formation complexe de notre mot *Unique*, parmi les noms de nombre le seul ainsi terminé, sous une forme adjective. Ce Son *K* ou *G* se retrouvant d'ailleurs pour le nombre *Un*, dans une vingtaine de Langues.

Et comme ce Caractère même *Kia*, prononcé avec le son *M* dans certains alphabets, a donné cette lettre *M*, la première de la deuxième Série de l'alphabet Sémitique, on voit encore comment il entre avec ce son dans *Primus*, dans *Unum*, en latin, et *Monos* chez les Grecs.

. Les uns prirent la consonne initiale du Caractère *Kia* ou le *K*, les autres sa finale ou l'*A*; d'autres enfin la lettre qu'il engendra ou le *M*, mais toujours (même pour la forme du nombre *Un*, qui est celui d'un *O* chez les

---

(1) *Voir* pl. V de ce Mémoire. (2) *Voir* pl. II, le Cycle double.

Sabéens pour leur A valant *Un*, et offre une Tête arrondie
dans tout l'Indoustan) ce fut ce caractère *Kia* qui lui
donna naissance : la chose est de toute évidence.

Et quant à la fixation des formes grammaticales,
dérivant de l'Ecriture hiéroglyphique, il est évident
que le son *J* ou *I* de notre nombre *Un*, en chinois et
dans le latin, a donné le pronom de la première personne *Je* : que le son *A* de la première lettre, a dû entrer
dans le pronom *Ana* de la première personne en chaldéen comme en hébreu ; que le son *M*, enfin du caractère *Kia*, dans la seconde Série de l'alphabet dont il est
la première lettre, a donné notre pronom françois de
la première personne *Moi* : le latin *Ego*, qui semble
sortir de ces règles si naturelles, n'étant que la prononciation même de l'Hiéroglyphe antique (1) prononcé *Ngo*
en Orient signifiant *je* ou *moi*, et où entre la Flèche ou
la Lance du nombre *Un*.

Le nombre DEUX (2) formé de deux Barres couchées,
dans l'Ecriture des Lettrés, ou relevées comme le II romain, dans les Chiffres usuels des marchands en Chine, et
indiqué encore par une Flèche (dont la répétition est
marquée par deux petits traits horizontaux), se prononçant *eul*, *urh*, *gni*, suivant les diverses Provinces, a
donné nos mots *Couple*, *Double*, où entre le L ; le *Ori*
des Géorgiens dans le Caucase ; le *Ni*, ou la lettre N des

---

(1) Deguignes, *Dict. Chinois*, n° 3177, *Ngo*, *je* ou *moi*.
(2) Deguignes, *Dict. Chinois*, n° 65, et pl. VII de ce Mémoire.

Japonois, dans leur alphabet ; et par ses barres redres-
sées et unies par une liaison, notre N lui-même : tandis
que couché et cursif, il a donné, et notre 2, et le *Beth*
hébreu, se retrouvant dans *bis*, *double*, *paire*, *ambe*, et
dans le *bi* ou deux des *Basques*; car le B est la seconde lettre de la 1re Série de l'alphabet, comme le N est la seconde
lettre de la 2e de ces Séries : mais le Son T ou D du
nombre *Deux*, du *Dvé*, *Doué* des Indous, et des Latins
Duo, comme le *Tchoué* des Mantchoux, le *Nichoué*
Amérique du Nord ; Son T ou D qui se retrouve dans
plus de 34 langues sur 72, et qui entre en Chaldéen et
en Hébreu dans le pronom de la 2e personne, dérive
évidemment du son *Tchéou* de la 2e heure, dite *Tuv*, *Teuv*
au Japon : comme en effet, à priori seulement, nous
eussions pu l'établir. Une des formes antiques et complexes du nombre deux, qui explique le symbole *ami*
interprèté d'une manière beaucoup trop subtile, offre
d'ailleurs une Coquille *Bivalve*, symbole tout naturel
de la Parité, et a pu amener ainsi aux idées de *perles* et
d'*union*; mais nous n'insistons pas sur ces idées qui
nous amèneroient peut-être à celles de *lieu d'habitation*,
de *Contenance*, *Capacité*, qu'offre le *Beth* des Hébreux,
aussi bien que le *Kaph*. Et les rapports de figure du *Beth*
et du *caph*, comme aussi leurs rapports de sens (car la
2e heure d'où vient le *Beth*, offre des *mains*, et *kaph* se
traduit par *mains*), expliquent d'ailleurs comment la
marque de la 2e personne, l'affixe des verbes pour cette
2e personne est le *Kaf* en Hébreu, et en Copte, tandis

qu'il devoit être le *Beth* ou le B seconde lettre , d'après notre théorie.

Le nombre TROIS (1), formé de trois Traits droits ou couchés, ou d'une Flèche encore, avec le symbole Tripler indiqué par trois petites barres, et prononcé *San* (ce qui a donné le *Samech* Hébreu, 5ᵉ Lettre de la 2ᵉ série alphabétique, et le *Sami* ou nombre Trois des Géorgiens, comme sa forme a donné le *Xi* grec Ξ (nous l'avons dit), offre aussi, dans ses formes complexes, la figure de la constellation *d'Orion*, remarquable par les trois belles étoiles de sa ceinture ; elle semble en outre, dans certaines formes, offrir trois fleurs , et dans d'autres *trois Triangles*, au-dessus de trois Lignes. Or, dans la 5ᵉ Lettre Égyptienne, confondue souvent avec la 11ᵉ ou le *Caf*, à cause de leur Son presque pareil, on retrouve aussi, ainsi qu'il étoit naturel de s'y attendre; le *Triangle* pour l'une de ses formes (2) : et comme ce Triangle mystique est en Chine encore (3), aussi bien que dans l'Occident , le symbole d'une Trinité qui est mentionnée dans les livres chinois les plus anciens, et que le P. Amiot (4), M. *Deguignes* (5) le père , comme M. *Rémusat*(6), ont retrouvé tous les trois, dans le TÁO–TE–KING de *Lao - tse,* philosophe antérieur à

(1) Deguignes, *Dict. Chinois,* n° 6; et pl, VII de cet ouvrage.
(2) Pl. D, *Alphabet du Précis* de M. Champollion. (3) *Mém. concernant les Chinois,* T. I, p. 299. (4) *Ibid.,* p. 300. (5) *Mém. de l'Acad. des Inscript.,* T. XXXVIII, p. 307. (6) *Mémoire sur Lao-Tseu,* philosophe chinois.

6

Confucius, et chef de la Secte des *Tao-sse*. On voit
donc les Idées mystiques sur le Triangle et le nombre
Trois, attribuées à *Pythagore* et à *Platon*, mais qui sont
évidemment bien plus antiques, se retrouver encore ici.
On peut en outre expliquer, comment notre *S* est la marque du Pluriel; car chez les Egyptiens qui admettoient un
Duel, la Pluralité est marquée par Trois Traits, mis auprès des objets dont le nombre excède deux, ou qui sont
en grand nombre (1) : et précisément ici, le nombre
Trois prononcé *San*, répond à la Lettre *S*, ou au *Samech* de l'alphabet primitif; et, dans l'une de ses
formes antiques et complexes (2), il signifie *tas*, *multitude*, *grand nombre*, et offre, en effet, comme des
pierres, des *tas de grains amoncelés*. On peut enfin concevoir comment les pronoms de la 3ᵉ personne, Celui-
ci, Celle-là, exprimés en chaldéen par *dec*, *dac*, *dikken*,
et Eux, Elles, rendus par *el*, *ellé*, *illec*, offrent le *Caf* si
souvent mis pour le *Ghimel*, 3ᵉ Lettre de l'alphabet,
et se confondant avec lui pour le Son, dans l'Alphabet
Egyptien, par exemple : la 3ᵉ Lettre, en effet, devant
appartenir à la 3ᵉ Personne. Et quant au *Waou* Hébreu,
ou *Fey* des Coptes, qui est plutôt la marque de la 3ᵉ
Personne par une autre raison, nous observerons de
nouveau ici, que cette Lettre figure un Serpent, étant
dérivée de la 6ᵉ Heure chinoise, et le Serpent dans le

---

(1) *Précis du Système Hiérogl.*, pl. II, n° 22, M. Champollion.
(2) Deguignes, *Dict. Chinois*, n° 1745.

Cycle des 12 Animaux répondant à cette 6ᵉ Heure, et qu'en Egyptien également, le *Fey* ou la marque de la 3ᵉ Personne est un Serpent, un *Céraste*.

Le nombre QUATRE (1) formé tout naturellement de quatre Traits parallèles dans l'origine ; ou encore de quatre petits traits disposés en Quarré (comme le montrent aussi les Chiffres complets en Egyptien antique), et enfin de deux Barres croisées et analogues à notre Chiffre incliné, ou X barré en dessus, dans les formes abrégées des Chiffres qu'emploient les Marchands chinois : cette même forme du 4 incliné, se retrouvant aussi dans le chiffre *Neuf* de ces Marchands formé de *cinq* plus *quatre*, et des deux côtés, dérivant suivant l'explication ingénieuse d'*Hager* (2), de l'Hiéroglyphe de la main, dit *Yeou* (3) et signifiant *encore, en outre, de plus* ; ce qu'on s'explique par l'Expression *trois* et *encore* de certains peuples d'Amérique pour dire *Quatre* (4) : Ce nombre Quatre, disons-nous, se prononçoit *Sse*, Son qui se retrouve dans le nom du *Quatre* chez les Grecs et dans les langues de l'Inde, et qui entre encore dans les objets de forme Quarrée, tels que les *Tessères* d'hospitalité.

_____

(1) Deguignes, *Dict.* nº 1511 et pl. VII de cet ouvrage.
(2) Hager, *Mémoire sur les Chiffres Arabes*, V. *Supra*, p. 31, 32. (3) Deguignes, *Dict. Chinois*, nº 1089, ou clef 29, signifiant *et, encore, tenir, main*. (4) C'est de ce chiffre quatre des marchands, figuré par la main dans une certaine position, que dérive donc le Delta égyptien de M. Champollion, ou le D des Hiéroglyphes, 4ᵉ lettre, figurée comme une main.

Aussi la forme moderne du nombre Quatre, ou du moins celle qu'employoient les Lettrés même avant notre Ère, offre-t-elle un Quarré, une Enceinte Quarrée, comme il étoit naturel de le faire ; mais ce Quarré est fendu intérieurement, divisé comme il en seroit d'une *Porte à deux battants entrouverte*, et dans ses formes antiques, il présente, ou ces Portes entièrement ouvertes, ou un Portique, et il se rapportoit naturellement à la 4ᵉ Heure, celle du *Daleth* ou du D, du T, qui répondoit à l'heure de l'ouverture des Portes de ville et de maisons, Ouverture qui a lieu au lever du soleil, dans tout l'Orient, nous l'avons dit : alors s'expliquent naturellement les Prononciations du Nombre 4, dans plus de trente-six langues, sur soixante-douze, Prononciations, où comme chez nous, on trouve le *T* ou le *D ;* et même le mot qui signifie PORTE, *Der*, *Thur* (*Terahn* en Chaldéen), qui offre aussi le *D* ou le *T*, dans un grand nombre de langues. Le 4ᵉ Caractère du Cycle des Jours *Ting* (1), donnant d'ailleurs par lui-même déja ce Son du *T* ou *D* et sa figure : et signifiant en effet *porter*, *supporter*, comme les Jambages d'une Porte.

Et ces idées de *Portes* de la 4ᵉ heure, de *Quarré, enceinte ouverte*, du Chiffre quatre, amenant facilement aux idées de *femme enceinte*, et de *féminin*, on voit comment dans les langues Sémitiques aussi bien que dans le Copte, le *Thau* ou *T*, ou le *To*, est le symbole du

_____

(1) *Voir* pl. V de cet ouvrage, et nᵒ 2, *Dict.* de Deguignes.

Féminin, et comment chez nous la Lettre A , ainsi qu'on
le vôit dans le Latin, a aussi marqué le Féminin ; car
alors on l'a dérivée du 4ᵉ Jour, ou de la 4ᵉ Lettre de la
2ᵉ série, donnant d'après notre tableau général, le *Aïn*,
A ou O de l'Hébreu et du Syriaque (1) : et, d'ailleurs
dans les formes antiques du nombre *Quatre*, s'en trouve
une qui , offrant deux Lignes parallèles interrompues
en leur milieu, répond, comme l'expose M. Deguignes
dans le *Chou-king* (2), au grand Principe Femelle, ou
au grand *Yn*, dans les 4 Images dont se forment les
Huit Kouas.

Le nombre CINQ (3), analogue à notre b minuscule
écrit quarrément, offre évidemment la figure d'un *Sablier
antique* ou d'un X fermé dans sa forme ancienne,
aussi bien que dans celle que lui donnent les Commer-
çants, qui alors l'arrondissent et le font ressembler à
notre Chiffre 8 ; et, en effet ; il répond à la 5ᵉ Heure,
où nous avons vu également, sous une autre forme,
un Vase figurer, une Clepsydre peut-être, dont il est
comme l'abrégé ; les Clepsydres alors cessant de mar-
cher, et le *Soleil* s'élevant suffisamment sur l'horizon,
commençant à mesurer les *Heures* sur les Méridiennes
ou les Cadrans : le nombre Cinq étoit donc le nombre
des *Heures* et du *Temps* par excellence ; aussi sa forme

(1) *Voir* pl. II et pl. V de cet ouvrage. (2) P. 353 du *Chou-
King* , sur les *Kouas* , annotations. (3) *Voir* pl. VII de cet ouvrage, et Deguignes, *Dict.* , n° 69.

antique, celle d'un *Sablier à angles arrondis*, étoit celle
que les anciens Chimistes, même en Europe, employoient comme signe du mot *Heure*, dans leurs
prescriptions, ainsi que le faisoient nos Pharmaciens
à une époque encore peu reculée (1) : aussi se confondant
sous cette acception avec la 5ᵉ Heure, celle du *He* de
l'Alphabet Chaldéen, voit-on ce Son *He* entrer dans notre
mot *Heure*, dans les *Hézars* des *Parses*, c'est-à-dire
leurs Heures, et la Lettre *E* former le nombre 5 des
anciens financiers ; tandis que par un échange tout naturel, la prononciation *Chin* ou *Cin* de cette 5ᵉ Heure,
qui signifie *astres*, *planètes*, *temps*, qui est le nom,
avons-nous dit, de la planète *Mercure*, à laquelle,
parmi les voyelles, répondoit l'*Epsilon* (2), a donné le
Quinque des Latins, le *Chin* Portugois, le Son même
Cinq de notre nombre 5, dont la figure existe d'ailleurs
dans sa forme cursive.

Quand *Horus-apollon* (3) nous apprend que chez les
Egyptiens une Etoile ou un Astre, une Planète plutôt signifioit *Cinq*, il entend donc parler de cette cinquième
heure prononcée *Chin* et définie *nomen Stellæ* dans la
Haute-Asie : classant à part le Soleil et la Lune, les Egyptiens comme les Chinois n'admettoient en effet que cinq
planètes dont les *Heou* (4) ou semaines de cinq jours,

(1) *Voyez* les *Anciens Formulaires*. (2) P. 185, T. IV, *OEuvres complètes de l'abbé Barthelemy*. (3) Hor. apol., lib. I ;
Hierogl. 13. (4) Deguignes, *Dict.* nᵒ 293 et nᵒ 5787, où avec la
clef du *Chien*, il signifie *Singe, Cynocéphale*, emblème de Mercure,

demi décades, portoient les Noms, nous l'avons expliqué
déja; il étoit donc, naturel qu'à la manière Indienne
où *Véda* signifie quatre, parce que les Indiens n'ad-
mettent que quatre *Védas,* une Étoile ou plutôt une des
cinq planètes mesurant les temps, signifiât *Cinq;* comme
aussi que le *E* se retrouvât dans le nom *Etoile* chez nous
et en d'autres langues sans aucun doute.

Mais le Son même donné à ce nombre Cinq dans la
langue hiéroglyphique, étoit celui de l'*U* ou du *V* du
Latium, prononcé *ou*, et figurant le chiffre Cinq chez
les Romains, et dans les formes antiques du Cinq chinois
on trouve deux *U* adossés par leur partie convexe, ou
deux *V* mis bout à bout, ou même dans les Chiffres du
commerce, notre *U* à peine modifié, qui est aussi le
Chiffre *Cinq* des Arabes et des Indiens : Son et Figure, se
retrouvent donc ici comme l'a déja observé le docte
Hager(1), non-seulement pour l'*unité*, mais aussi pour
le nombre *Cinq*, et en Chine, aussi bien que chez les anciens Romains : et cette seconde Analogie entre deux
peuples si éloignés l'un de l'autre, aussi bien que celle
qui résulte du son *Chin* ou *Cin* de la cinquième Heure,
et de sa forme, celle de l'*E*, que les anciens financiers
employoient au lieu du *V* romain, démontre bien un
Centre commun et la confusion continuelle des Chiffres
et des Lettres.

des Lettres, des Heures, animal figuré assis sur les Clepsydres, dit
Horapollon.

(1) Hager, *Explanation,* etc., p. xiv.

Nous avons indiqué jusqu'ici les idées raisonnables que l'on peut se former du nombre Cinq d'après sa figure hiéroglyphique, analogue à notre Chiffre huit, ou à une figure de Clepsydre, quand on le trace verticalement ; mais il se fait encore couché ∞ , et alors il représente sans doute ce *Nœud mystique* que les Pythagoriciens voyoient dans ce nombre 5 (1) ; car dans les explications modernes et plus ou moins subtiles et fausses, que les commentateurs chinois ont donné de leurs Chiffres, ils disent pour celui $\asymp$ du nombre cinq ; « qu'il est le *nombre du Milieu* ou de *la Terre* et qu'il « représente le *Yn* ou principe femelle, se combinant « avec le *Yang* ou principe mâle, entre deux Lignes, « Figures du Ciel et de la Terre (2) ; » et nous trouvons chez les Pythagoriciens les mêmes imaginations, puisqu'ils faisoient aussi du nombre Cinq (3) le symbole de la *Terre fertile*, le nombre de *Junon* déesse des Mariages, le signe de l'union de l'homme avec la femme, étant formé, disoient-ils, de *deux*, premier nombre pair et femelle, et de *trois*, nombre impair par excellence et mâle.

Nous ne répétons ces absurdités, semblables encore des deux côtés, que pour prouver l'origine commune de toutes ces idées d'une Philosophie dégénérée. Nous sommes loin de les attribuer aux Créateurs éclairés de

(1) *Hist. crit. de la Philosophie*, Deslandes, T. II, p. 77 ; et T. XL, *Mém. Académie des Insc.*, Deguignes, p. 174. (2) *Dict. Tseu-Goey*, au nombre 5. (3) *Supra*, *Hist. crit. de la Philos*

l'Ecriture Hiéroglyphique; nous allons retrouver des identités analogues, dans les Nombres qui nous restent encore à examiner.

Le nombre Six (1) qui a donné son nom au Dieu de *la Neige*, dont les flocons ont Six rayons en effet, dans sa figure moderne, semble offrir l'esquisse abrégée d'une *Balance*, et son *Joug* avec ses deux Bassins; Bassins qui ont été supprimés ensuite dans la forme vulgaire du *Six* des marchands, de sorte qu'il en reste le *Joug* seul; et précisément ce nombre, étant celui de la sixième Heure, vient ainsi, quand on applique les douze Heures aux douze Signes du Zodiaque pris en ordre inverse, répondre à la constellation de la Vierge, qui sous le nom d'*Astrée* ou de la déesse *de la Justice* tient une Balance, qu'elle a à ses pieds dans le Zodiaque même; et les Pythagoriciens, nous dit-on, faisoient de ce nombre Six, le symbole de la *Justice* (2). Les rapports se multiplient donc encore ici, et se retrouvent même peut-être jusque dans l'hébreu où la sixième Lettre de la première série, le *Waou*, se traduit par *Crochet, crochet* de suspension de la Balance peut-être; et surtout dans l'ancien Egyptien, où, suivant l'alphabet de M. Grotefend et celui de M. Champollion principalement (3), le *Waou*, ou le *Y*, le *Fey* Copte offre précisément en Ecriture hiérogly-

(1) *Voir* pl. VII, et Deguignes, *Dict.*, n° 613. (2) *Hist. crit. de la Philos.*, T. II, p. 78. (3) *Précis du Syst²me Hiérogl.*, pl. Z des *Alphabets*.

phique la forme du *Joug d'une Balance*, outre le symbole de Reptile, Serpent à cornes, animal correspon-
dant en effet à la sixième Heure, dans le système des
Cycles de la Haute-Asie : La Lettre correspondante de
l'alphabet Copte étant d'ailleurs le *So*, ou *S* à forme de
serpent, dans le Copte.

Mais outre cette forme de Balance, ou de son Joug
⏑, dans les Chiffres vulgaires, le nombre *Six* des
Chinois dans ses formes antiques, semble offrir le Caractère même de cette sixième Heure prononcée *Sse*,
répété deux fois, et formant un groupe, semblable à la
forme ancienne du Caractère qui signifie Grand, Elevé,
Haut (1) : et dans une autre de ses formes anciennes, il
offre ce même groupe, avec le symbole d'œil. On expliqueroit ce semble ces Figures, en observant que dans
ce moment de la journée le Soleil, *œil du monde*, commence à s'élever très haut dans le Ciel, et à s'approcher
du Méridien ; mais en n'insistant ici que sur les formes,
nous voyons que les Lettres et les Chiffres, même dans
le système hiéroglyphique et primitif, se confondoient
sans cesse. Nous reconnoissons comment d'après le sif-
flement du serpent, la sixième Heure hiéroglyphique
Sse, Heure prononcée *Siz* dans le Turquestan suivant
les Cycles d'*Ulugh-Beg* (2), a produit le Son du nombre *Six*, non-seulement chez nous, chez les Latins *Sex*,
dans le persan *Sess*, le Samscrit *Ssazs* ou *Chach*, l'hébreu

_____

(1) Deguignes, *Dict.*, n° 1797 (2) *Voir* Grævius, traduction.

Schesch, mais dans plus de trente-six Langues, sur soixante
et douze des principales Langues du monde , dont nous
pouvons offrir le Tableau, pour les Noms de Nombre: nous
voyons d'où dérive le Son du *Tzade*, sixième Lettre de
la deuxième série de l'alphabet Sémitique ; Lettre à
laquelle les Rabbins attribuent encore le sens de *justice*.

Nous trouvons d'ailleurs le Son *u ou o* du Waou,
sixième Lettre de la première série de l'alphabet, se
montrant dans la prononciation actuelle et antique , *Lo*
ou *Lou* du Six hiéroglyphique des Chinois : prononciation qui, chose remarquable, se retrouve encore dans
la langue Caucasienne des Lesghiens, où le six se dit
Antloo, et se montre aussi dans le *Oloma* ou six de la
Nouvelle-Guinée, dans le *Golo* des îles Lamurzec,
l'*Aono* d'Otahiti, le *Louc* du Tonquin, le *Noou* des
Bohémiens errants, et qui, au Japon, ayant eu lieu
par la lettre *R*, se remarque dans le *Truk* du Thibet,
le *Krubi*, des Hottentots, etc., etc. ; le nom même *Alti*
du *Six* dans la plupart des langues Turques , ayant dû
tirer ce Son *Al* ou *Ol* de cet ancien Son du six *Lo* (1). Les
Anomalies des langues diverses disparoissent donc,
quand on considère l'ensemble des Cycles qui ont engendré et la Figure et le Son des Lettres et des Chiffres ;
et l'on voit encore ici une nouvelle confirmation de

(1) *Voir*, pour les noms de nombre, l'*Abrégé élément. de Géogr.
physique* de M. de Grand-Pré, où sont, p. 254 et suiv., des Tableaux
très bien faits de ces noms chez les divers peuples.

notre théorie ; car d'ailleurs, la figure même de notre Chiffre six actuel, se retrouve exactement, ainsi que l'offrent nos Tableaux généraux, dans les formes Cursives de la sixième *Heure*, et dans celles du sixième *Kan* (1).

Le nombre SEPT (2), figuré comme une sorte de t dans sa forme actuelle et moderne, c'est-à-dire, à très-peu près comme notre sept arabe, se prononce en effet *Tset*, et *Tsap* à *Canton* encore actuellement ; d'où le Samscrit *Sapta*, le Zend *Hapté*, l'Hébreu *Schiba*, le Syriaque *Sabto*, le Grec *Hepta*, prononciations qui sont toutes évidemment les mêmes, et qui très peu modifiées se retrouvent dans plus de quarante-cinq Langues, sur les soixante-douze de celles qui embrassent le monde, et dont nous avons formé le Tableau.

Cette conservation de la prononciation et de la figure du nombre Sept, chez presque tous les peuples (car figuré autrefois comme un Comble ou un *Lambda* Λ, dans *Sacrobosco*, et *Roger Bacon* (3), il se retrouve sous cette forme même Λ dans les formes antiques de la 7ᵉ Heure, prononcée *ou* et *gou*, et dont l'autre partie, t ou *Tsy* a donné le *Zaïn* des Hébreux, leur 7ᵉ Lettre), cette conservation, disons-nous, est encore un fait très-remarquable, et qui rallie de nouveau tous les Peuples vers une même origine.

---

(1) *Voir* pl. IV, VI et VII de cet ouvrage. (2) *Voir* pl. VII, et Deguignes, *Dict.*, n° 3. (3) Voir *Trans. Philosoph.*, année 1735, n° 439, M. Ward.

Mais une de ses formes antiques (1), offre *B rebis*, et *Ombrage* ou *Feuillage;* elle peint donc la 7ᵉ Heure de la journée, celle de midi, où les Pasteurs ramènent leurs Brebis à l'ombre des haies et des bocages : de là cette forme de Comble A qui entre dans la 7ᵉ Heure; nous venons de le dire, et qui a engendré le Sept chez divers peuples, et peut-être notre Chiffre Sept lui-même 7, en inclinant ce symbole du Comble : de là les idées de *Repos* qu'amenoit cette heure de Midi, et qui se retrouvent attachées au nombre Sept, en Hébreu et en d'autres langues; soit à cause du repos pris à cette heure, comme dans la suivante; soit aussi à cause de l'institution antique de la Semaine : car, au symbole *Fou*, on trouve dans l'*Y-King*, c'est-à-dire dans le Livre sacré des Chinois le plus ancien, Livre commenté comme les autres *Kings* et refondu par *Confucius*, « *que* « *les anciens Rois, le septième jour, qu'on appelle le* « *grand jour, faisoient fermer les portes des maisons,* « *qu'on ne faisoit ce jour là aucun commerce, et que les* « *magistrats ne jugeoient aucune affaire* (2). »

C'est ce qui s'appelle l'*Ancien Calendrier*, dit l'auteur du *Lou-sse*, où cette citation est puisée; c'est ce qui porteroit à croire, qu'avant l'institution de la Décade ou du Cycle des dix Jours, partagé en deux petites périodes de cinq jours nommées *Heoù*, la Semaine, re-

---

(1) *Voir* pl. VII de notre ouvrage, chiffre VII. (2) *Chou-King,* p. cxviij, Annotations du P. de Prémare.

/trouvée maintenant chez une multitude de Peuples, avec les Noms des mêmes Planètes, y répondant aux mêmes Jours (fait qui seul prouveroit l'origine commune de tous ces Peuples), étoit la Période de temps, usitée pour les Jours.

Aussi le 7ᵉ Jour ou 7ᵉ *Kan* (1), même dans le Cycle des dix Jours, où il a engendré, en se prononçant *Keng*, le Son du *Qouf*, 7ᵉ Lettre de la 2ᵉ série chez les Hébreux, offre-t-il le symbole de *Jour*, de *Jour par excellence* ou de *Kan*, et signifie-t-il *changer*, *restituer* (rendre hommage peut-être), aussi bien que le nom du *Qouf* lui-même que l'on traduit par *Cycle, Révolution*.

Le nombre Sept lui-même en Hiéroglyphes, prononcé *tsy*, *tset*, *tsap*, nous l'avons déja dit, et ayant donné le Son *z* de la 7ᵉ Lettre Sémitique, et du *Zéta* des Grecs ; tandis que notre Lettre G, qui répond par son rang au *Zaïn* Hébreu, dérive du Son de la 7ᵉ Heure *Gou*, où entre aussi le Chiffre Sept : ce nombre Sept, disons-nous, est lui-même en Chinois, défini par des idées de *mutation*, de *changement*, idées qu'on y applique surtout à sa première puissance sept fois sept, et qui se retrouvent exactement les mêmes chez les Pythagoriens, les anciens médecins, les Platoniciens (2).

Le nombre HUIT (3), ainsi que l'a déja observé le

---

(1) Deguignes, *Dict.*, nº 2512; et pl. VI de cet ouvr. (2) *Hist. crit. de la Phil.*, T. II, p. 80. (3) Pl. VII de cet ouvrage; et Deguignes, *Dict.*, nº 611.

savant *Hager* dans son Mémoire trop peu apprécié , sur l'*Origine des Chiffres Arabes* (1), se fait exactement dans le Chinois actuel, comme le traçoient les premiers Européens qui employèrent ces Chiffres, c'est-à-dire comme on le voit dans *Planudes* vers 1327, et dans *Marpandes* (2), et comme le font encore les Arabes et Indo-Persans, ayant la forme d'un comble ou d'un abri, d'un Λ lambda, ou V renversé, et parfois même incliné seulement, ainsi que nous l'avons dit du nombre sept, et avec la figure que nous donnons à ce nombre 7 ; et ces analogies du *Huit* avec ce nombre sept, tiennent essentiellement aux rapports de ces nombres avec les Heures du Jour correspondantes ; car la 8ᵉ Heure, en effet, est non moins celle où les Pasteurs et les Laboureurs cherchoient un Abri contre le soleil, sous les Toits des maisons, et sous le Feuillage des Arbres, que la 7ᵉ ou celle de Midi : aussi interprète-t-on le symbole qui peint ce nombre)(, par se *séparer* se *diviser* ; *Personnes qui se tournent le dos;* et, dans sa figure prétend-on voir deux Personnes s'écartant l'une de l'autre (3); ce qu'on expliqueroit peut-être en considérant cette 8ᵉ Heure, d'où dérive ce nombre VIII, comme celle de la *Sieste*, qui suivoit le repas de midi : mais sa forme complexe signifiant aussi *briser, rompre, partager,* et la 8ᵉ Heure étant for-

(1) Hager , *Mémoire sur les Chiffres Arabes ,* Bibl. britan. , année 1812 , T. 50. (2) *Trans. Philos. ,* année 1735 , n° 439. (3) Morrisson , *Dict. Ton. ,* n° 8129.

mée du Caractère des *saveurs* ou de *bouche*, et *arbre couronné de fruits* (1), on pourroit peut-être y voir les Fruits cueillis en ce moment du jour, et l'origine de cet Arbre figuré sous le Cancer de la Sphère antique : car cette 8ᵉ Heure répondoit dans la haute antiquité à ce signe astronomique du Cancer.

Quoi qu'il en puisse être ici, cette Heure ayant donné le *Khet* Hébreu, que certains ont traduit par *Haies* (2), et le *Ch*, ou H Egyptien, offrant des *feuilles*, des *ombrages* également dans l'Alphabet de M. Champollion (3), on voit comment, dans plus de vingt langues, ce son *H* ou *Ch*, *Kh*, est entré dans le nom du nombre *Huit;* en Samscrit, *Achta*, d'où l'*octo* des Romains ; en Zend *Aschté;* chez nous-mêmes, *Huit*, où la Lettre H, n'entre que pour sa forme, presque identique avec celle)(, du Huit Chinois antique : et cette 8ᵉ Heure elle-même se disant *Oey*, *Wi*, *Mui*, *Woui*, dans la Haute-Asie, on voit que ce ne peut être que dans cette antique prononciation de la 8ᵉ Heure, que nous aurons puisé le Son de notre mot *huit;* aussi bien que dans les Heures précédentes, nous avons puisé les Sons de nos Chiffres Cinq, Six, Sept. Il n'est donç plus étonnant de trouver la forme même de notre Chiffre 8 actuel, dans la forme Cursive de cette 8ᵉ Heure, *Oey* ou *Wi* (4), et il ne

(1) Deguignes, *Dict. Chin.*, n° 1191, *Ouey*, traduit par Saveur, Goût, Divertissement, Beauté. (2) *Voir* Genesius, *Grammaire Hébraïque*. (3) *Précis du Système Hiérogl.*, pl. D, lettre I, H. (4) *Voir* notre pl. VIII, Chiffre 8.

l'est pas davantage que le 8ᵉ Jour (1), soit figuré par la clef des *saveurs acres, amères;* ce Cycle des Jours, nous l'avons dit, n'ayant été qu'une sorte de dédoublement du Cycle des Heures, et tous deux s'étant sans cesse mêlés avec celui des Nombres.

Il nous reste enfin, dans les nombres simples, à considérer le NEUF (2), dernier de ces Nombres : dans sa forme actuelle, celle que les Lettrés emploient, il présente presque la figure de notre Chiffre Quatre, quand on le modifie très peu; or, en effet, *Hager* (3), a observé que les *Arabes,* aussi bien que certains manuscrits de *Planude,* ont écrit notre Chiffre Quatre par leur Neuf; et dans le Chiffre *Neuf* des marchands chinois, on retrouve leur Chiffre *Quatre* qui répond à une main placée dans une certaine position, avons-nous remarqué; c'est-à-dire la clef antique dite *Yeou* (4), signifiant *Et, Encore, Outre, de Plus, de Nouveau,* et se faisant, moderne, comme notre Chiffre 4 incliné ; forme qui, pour l'observer en passant, est celle du *Theth* Syriaque, ou de la 9ᵉ Lettre Sémitique quand on la renverse : mais le Neuf, en effet, n'est que Cinq plus Quatre, et devoit se marquer sur la main gauche, d'une manière symétrique au nombre Quatre, indiqué sur la main droite : l'un étant la dixaine ou la seconde

_____

(1) Deguignes, *Dect.*, nº 10969, prononcé *Kien,* c'est faute, mal. (2) *Voir* pl. VII, et Deguignes, *Dict.*, nº 51. (3) *Hager, Mém. sur les Chiffres Arabes,* p. 27. *Supra.* (4) Deguignes, *Dict.*, nº 1089.

7

main moins une unité; l'autre la cinquaine ou la première main moins une unité semblablement, moins un
doigt.

Cette clef de la main (1) ou des mains qui signifie et
encore, *outre*, *de plus*, *de nouveau*, et qui entre dans
l'une des variantes anciennes de la neuvième Heure
Chin, suivant le dictionnaire de *Kanghi*, nous explique
donc, étant l'ame de ce Chiffre neuf des anciens Hiéroglyphes, et se prononçant *Yeou* (tandis que le neuf se
prononce *Kieou* simple modification du son *Yeou*),
comment dans les langues *Indo-Germaniques* et beaucoup d'autres, le même mot qui signifie *nouveau*, *de
nouveau*, *réitérer*, signifie aussi *neuf*, *neuf fois*, en nombre : l'Hébreu aussi où *Theschan* (écrit avec le *Thau* par
altération au lieu du *theth* neuvième Lettre), signifie
Neuf offre le mot *Khidesch* signifiant *renouveller*, où le *D*
sans doute fut aussi mis pour le *Thet* et où entre alors
Thesch abrégé de *Theschan ;* et dans le chinois même
l'Hiéroglyphe ou le groupe *Kieou* (2) formé du symbole
homme et du Chiffre neuf , signifie *Couple* , *Joindre,*
Unir, c'est-à-dire, un homme *et encore* un homme : et
le caractère *Kieou*, du Chiffre neuf, signifie non-seulement ce nombre, mais aussi *Rassembler, Réunir, congregare*. Aussi, dans ses formes antiques offre-t-il, comme
des *mains croisées*, et ailleurs *une main* figurée en abrégé,

(1) Deguigues, *Dict.*, n° 1089, clef 29. (2) Deguignes, *Dict.*,
n° 97.

qui est également la forme antique de la clef *Yeou*, de la *Récidive*, *Et*, *Encore* ; et ses formes cursives et arrondies, offrent une figure presque semblable à celle de notre Neuf actuel, c'est-à-dire un Enroulement, un Nœud peut-être.

Mais ces formes d'*enroulement* qu'offre, suivant nos Tableaux, le chiffre Neuf, chez presque tous les Peuples, ne dérivent pas seulement de la forme Cursive de ce Neuf en Hiéroglyphes ; elles se remontrent avec toutes leurs nuances dans les formes antiques de la neuvième Heure(1) (qui répond au *Theth* de l'alphabet Sémitique et en donne en l'abrégeant toutefois, la figure exacte) et elles tiennent (ainsi que les idées de *Congregare*, de *Réunion*, du nombre Neuf en Hiéroglyphes) à ce que dans cette neuvième Heure on façonnoit *les liens* pour rassembler les Céréales en *gerbes*, ou les branchages des arbres en *faisceau*, et l'on se rassembloit pour revenir vers les lieux d'habitation. Cette neuvième Heure en effet, aussi bien que le neuvième Jour ou neuvième *Kan*, qui n'est que son renversement, offrant comme deux mains façonnant, tordant un Lien, une Verge d'osier, *l'arrondissant*, la *tournant* en rond : forme qu'offre notre 9 évidemment, et qui est plus que démontrée être en rapport intime avec le neuf ; puisque le caractère *Ouan* (2) qui signifie *Orbiculus*, *Rotundum*, est formé

---

(1) *Voir* pl. IV de ce Mémoire, lettre *Th*, la 9ᵉ. (2) Deguignes, *Dict*, n° 32.

d'une Virgule placée au milieu de ce Chiffre Neuf, ou d'une Boule, Pilule, façonnée par les deux mains, arrondie.

C'est même de ce caractère *Ouan*, employé parfois pour le Neuf, bien qu'à tort, dit-on, que seront dérivés sans aucun doute, et l'*Ennea* des Grecs pour neuf (car il se prononce aussi *Huen*), et le son *Nava*, du Samscrit ; *Naoua, Nawa* des langues Indo-Germaniques et d'une douzaine d'autres : *Nava, Nawa, Naoua*, et *Ouan* du Chinois étant évidemment le même son , aussi bien que notre mot *anneau*, anneau arrondi qui en dérive infailliblement : aussi en Hébreu les mots qui expriment *année* et *chaîne* formée d'*anneaux*, et *réitérer*, *derechef*, et même *haine*, *haïr*, offrent-ils tous également la partie *Schin*, qui est le nom de la neuvième Lettre de la deuxième série de l'alphabet, inversion de la neuvième Heure, et modification du nombre Neuf, *Kieou*, dont les composés, en Chinois antique, offrent également toutes ces idées.

Et il est très remarquable que les idées de *haine*, *haïr*, se retrouvent ici en Hébreu, pour cette Neuvième Lettre, deuxième série, comme elles étoient attachées chez les Pythagoriciens au nombre *Neuf* spécialement, et surtout à son multiple quatre-vingt-un ou quatre-vingt-dix aussi, image de la vieillesse et de la destruction prochaine sans aucun doute, et que le Chinois nous présente encore toutes ces mêmes idées ; le caractère Homme avec le Chiffre Neuf donnant un groupe(1)déja cité, qui signifie *Haïr, Haine*, outre *deux, paire, couple, adversaire* : et ce symbole de Neuf mis sur celui de Dix , formant un signe qui signifie au propre quatre-vingt-dix, mais qu'on donne comme équivalent au Caractère *Tso*(2) *Tuer, Mourir, Détruire*; et le nombre Neuf en outre, défini comme offrant les *contours du principe mâle ou Yang quand il cherche l'équilibre*, étant aussi donné comme symbole du *changement*, du *renouvellement* quand on le multiplie par lui-même (ainsi qu'on peut le voir dans le dictionnaire de *Kang-hy*); de là sans doute, on a aussi écrit le nombre *Neuf* par un caractère *Kieou*(3) qui signifie *long-temps*, qui offre la clef de l'Homme, et qui semble dépeindre un *homme caduc*, un Vieillard appuyé sur un Bâton, ainsi qu'est défini le *Naud* Lettre Runique : car le même Caractère dessiné dans celui des Coffres , Caisse, est traduit par *bierre renfermant le corps d'un mort* (4).

Les idées mystiques de *Haine* et de *Ruine, Dissolution* que les *Pythagoriciens* attachoient au nombre *Neuf* et au nombre *quatre-vingt un* son multiple, ou peut-être même au nombre quatre-vingt-dix (5), se retrouvent donc ici encore, aussi bien que le mélange perpétuel des trois Cycles, des Chiffres et des Lettres; et quant au Son de ce nombre Neuf, dans les diverses lan-

---

(1) Deguignes, *Dict.*, n° 97. (2) *Ibid.*, n° 1008. (3) *Ibid.*, n° 40. (4) Deguignes , *Dict.*, n° 959. (5) *Hist. crit. Phil.*, T. II , p. 81.

gues, il dérive du *Theth*, nous l'avons dit, dans les langues Sémitiques, telles que le Syriaque *Tetto* ; l'hébreu
Theschan (en y mettant le *Theth* pour *le Tau*) ; et dans
une vingtaine d'autres langues ; la neuvième Heure donnant ce son *th* se disant *Than* en *Cochinchinois* : et sous
sa prononciation actuelle *Kieou*, il a donné le Son *K*,
au nombre Neuf des langues actuelles de la Haute-Asie
et autres ; en totalité à ceux d'une vingtaine de langues
encore.

Nous arrivons enfin au nombre Dix (1), unité d'un
nouvel ordre, unité de dixaine. Sa figure ordinaire dans
les Hiéroglyphes est un *X* redressé ou une Croix +, et
il est très-remarquable qu'outre la signification de Dix
cette Croix soit aussi dans le Chinois, comme l'étoit le
nombre *Dix* chez les anciens *Pythagoriciens* (2) le
symbole de la *Perfection* et du *Superlatif.* Le nom
Haschar du nombre Dix chez les Hébreux, et le mot
Ischar qui signifie *Juste, Parfait, Équitable,* étant aussi
les mêmes, sauf la voyelle initiale : et *Hascha* signifiant
Finir, Achever et *Haschat Pur* et *Net,* ce qui tient sans
doute à ces racines Hiéroglyphiques, où les idées de
Perfection, Fin, se confondent.

Mais dans l'écriture cursive, comme dans les Chiffres
des marchands, cette croix s'inclinoit, et alors se tra-
çoit presque comme le χ des Grecs, ou comme la

_____

(1) Deguignes, *Dict.*, n° 993, formant la clef 24, et pl. VII
de cet ouvr. (2) *Hist. crit. de la Philos.*, p. 81, T. II.

Lettre *X* des Romains, valant dix également. On peut même la voir exactement faite comme cet *X* des Romains, dans les formes anciennes du symbole *Chy* (1) d'une période de trente années ou d'une génération; et les missionnaires Portugais écrivent *Xi*, pour la prononciation du dix chinois, que nous écrivons nous avec le *Ch* ou *Chy*.

Figure et Prononciation, outre les idées se retrouvent donc encore ici, et identiques à Rome et en Chine (remarque déja faite (2) par le docteur Hager) : de sorte que l'*unité* dite *I*, et tracée comme une barre, le *Cinq* prononcé *ou*, *u* et tracé comme un *V* double, et le *Dix* prononcé *Ix* ou son équivalent en grec *Chy*, et dessiné par un *X* ou deux lignes se croisant, étoient trois Nombres identiques en *Prononciation*, en *Figure* et en *Rang*, à Rome, et dans la prétendue Chine, ou plutôt l'Assyrie; et comme en outre les marchands Chinois aussi bien que les Romains, après le Cinq, recommençoient à compter par Unités, pour Six écrivant cinq et un; pour Sept, cinq et deux, etc.; et abrégeant seulement le Cinq qu'ils rendent par un petit trait vertical; on voit qu'il y avoit complète identité et qu'un même Centre savant et hiéroglyphique, tel que *Babylone*, avoit dû éclairer et la *Chine* et *Rome*, et tous les autres peuples.

---

(1) Deguignes, *Dict.*, n° 16, traduit par *Siècle* et aussi *Génération de trente ans*. *Voir* ses formes anciennes dans le *Tchouen-tseu-goey*. (2) Hager, Explanation, etc. Voir *Supra*, p. xiv.

Mais, outre cette forme ordinaire de Croix ou d'X, le nombre Dix, dans ses formes antiques, en offre d'autres encore, telles que les deux Mains; ce qui rappelle l'expression de *mains finies*, pour Dix, chez les Américains; ou deux Mains avec le symbole d'*Union*, ce qui peint les idées de *Paix*, *Concorde* du nombre Dix chez les Pythagoriciens : idées qu'ils rendoient par deux Mains se serrant (1); et sa forme complexe offre encore la main et le groupe de réunion, et signifie *Ramasser*, *Recueillir*, *Carquois*, c'est-à-dire les idées de *Richesses*, et de *Dixmer*, *Recueillir*, qu'offre *Assur*, *Haschar*, en Hébreu, ou le nom du Dix.

Enfin, ce Chiffre Dix est encore dans ses formes anciennes, marqué comme une *Boule noire* enfilée par une ligne I (2), c'est-à-dire comme les I de beaucoup de manuscrits gothiques, ou comme un I légèrement croisé, qui répond aussi à notre Lettre I, dans ces manuscrits; et, en effet, la 10e des 12 Heures (celle du coucher du soleil, se disant *Yeou*, où entre ce son I), répond à l'Iod ou à l'I des Alphabets Sémitiques, et a pu aussi se remplacer par le Chiffre Dix, ou par l'unité des dixaines, l'unité modifié, la barre, ou l'I croisé ou pointé, ou se peindre encore par une des boules de l'*abaque*, enfilée dans la ligne des dixaines.

Cette boule *noire* vient donc rappeler le Zéro figuré en

---

(1) *Hist. crit. de la Philos.*, lieu cité en dernier.   (2) *Voir* pl. VII de cet ouvrage.

noir chez certains peuples, et employé à côté de l'unité
pour lui faire valoir Dix : et, quant à notre Zéro ordinaire qui, dans la liste des Chiffres Orientaux, se marque
toujours immédiatement après le Chiffre Neuf, et se
peint comme un *Cercle vide*, nous le retrouvons, mais
joint à la barre de l'unité, dans les formes antiques du
Vase, *Vase arrondi* et fermé par un couvercle, qui est
le symbole (1) de la 10ᵉ Heure ♅ ; Heure où le Jour
cesse, où les Clepsydres commençoient à être em-
ployées et à se Vider : de sorte qu'en couchant ce Vase
des Hiéroglyphes sur le côté, c'est-à-dire épanchant ce
vase, le Vidant, nous obtenons la figure I-O, qui est
celle de notre Chiffre Dix, et aussi celle de certains I
des peuples Slaves. Nous sommes donc amenés tout
naturellement ainsi, par la considération de cette
10ᵉ Heure, ou aussi de la boule percée de l'*Abaque*, au
sens du mot *Zéro*, nommé *Tsiphron Zéron*, ou *tout-à-
fait vide* en Arabe; Οὐδὲν ou le *Rien* en grec ; *Shunya*,
chez les Indiens (2), et τζιφρα en grec d'après l'arabe,
d'où on a tiré notre mot Chiffre (qui dérive plutôt,
suivant nous, de l'Hébreu *Sepher,* compter) : ce Zéro
qui signifie *Vide, Néant, Cercle vide,* étant figuré dans les
Chiffres des Marchands de Chine tout-à-fait comme le
nôtre, O, et employé de la même manière, à remplacer
dans leur ligne horizontale l'ordre de nombres man-

(1) *Voir* pl. IV de cet ouvrage.   (2) *Voir* M. Delambre, T. I,
Hist. Astron. ancienne, p. LXX et 519, 547 texte.

quants, c'est-à-dire donnant aux Chiffres une valeur de Position, et dans l'écriture des Lettrés, étant écrit par le Caractère *Ling* (1), signifiant *reste, résidu, lagunes d'eaux de pluie se desséchant, se Vidant, goutte d'eau*.

Mais, pour l'Unité, nous avions déja vu qu'un Vase à ventre arrondi y répondoit; les rapports de l'unité au Dix ou à l'unité des Dixaines, étoient donc encore marqués par ces formes, aussi bien que nous le verrons pour le Mille, qui est en Chinois, comme en Hébreu, une modification de Un ou de Dix.

Il ne nous reste donc plus qu'à examiner les formes des puissances de Dix; après avoir observé toutefois que répondant aussi au 10ᵉ Jour, Jour qui répond au *Thau* des Hébreux, il a été naturel, en se servant du Cycle double ou du Caractère *Kouey-yeou*, que le Son T ou D de ce 10ᵉ Jour donnât le Son du nombre Dix, dans les Langues Indo-Germaniques et autres, au nombre de plus de 38; que le Son de la Lettre I, dixième Heure, y entrât également pour plus de 24 Langues, le *Dix* chez nous le renfermant en effet; enfin, que le Son *Ch* ou *Kh* du Dix Hiéroglyphique *Chy* ou χ, entrât aussi dans le nom du nombre Dix d'un assez grand nombre de Langues, telles que dans le Samscrit ou le Grec *Deca*, et même dans notre Langue, où, dans le mot *Dix*, le D répond au 10ᵉ Jour, le I, à la 10ᵉ Heure, le X, au 10ᵉ Nombre.

---

(1) Deguignes, *Dict.*, n° 11953.

L'Oiseau ou la *Poule*, qui au lieu des deux mains, dans certaines Isles de la Mer du Sud (1), signifie *Dix*, ou même le mot *Poulou* ou *Foulou* qui, dans d'autres de ces isles, entre dans le nom du nombre Dix, et signifie *Isle*, étant cependant encore une dérivation de ces Cycles; puisqu'ici à la X.e Heure, répond dans le Cycle des 12 Animaux la *Poule* ou l'*Oiseau* en effet, et que le même symbole *Oiseau* ou *Dix* entre dans le Caractère antique hiéroglyphique *Isle* (2).

Des différences très grandes en apparence viennent donc plutôt confirmer qu'ébranler notre Théorie, et nous allons encore, en examinant, le 100, le 1,000, le 10,000, trouver de nouvelles Preuves de nos Idées.

Pour le nombre CENT (3), ayant offert, dit-on, une Enfilade de monnoies percées, ou sans doute de *Cauries*, Coquilles, Monnoies primitives, sa forme actuelle, abrégée chez les Marchands et même chez les Lettrés, présente, étant complète (4), une Bouche, une Figure qui Parle, Ordonne, et rappelle le *Centurion*, le Chef de Cent villes, Cent contrées, le *Bey, Begh, Pacha;*

---

(1) *Nouvelles Annales de Voyages,* février 1823, M. Malte-Brun, citant les isles Mariannes, où *Manoud,* dix, signifie Oiseau, et le Javanois, où *Sapoulo* signifie Dix, comme chez les Battas, et *Poulo* isle. (2) Deguignes, *Dict.,* n° 11841, caractère *Tao,* donnant *Hay-Tao,* isles de la mer, isles où habitent les oiseaux en nombre immense, tant que l'homme ne vient pas les en chasser en effet.

(3) Deguignes, *Dict. Chin.,* n° 6484. (4) Deguignes, *Dict.,* n° 8665, et notre pl. VII.

car avec le caractère Homme , prononcé *Pe* , il offre toutes ces idées ; il répond , d'après nos suppositions sur la manière dont on employa les deux Cycles réunis, pour Chiffres parmi les lettres , à la 11° ou au *Caf* , et à la 20° ou au *Resch ;* et en effet, le *Caf* , ou le K, le C, entre dans le nom du cent d'une vingtaine de langues et dans notre mot *Cent*, dans *Hécaton* des Grecs. Et pour le *Resch* (ou Tête en Hébreu), on a le *Raz* du *Pelhvy* , pour 100 , le *Rgia* du Thibet, enfin le *R* dans 15 langues (le latin même *Rex, Roi, Prince* devant en provenir) : tandis que le Caractère Egyptien (1) pour le nombre Cent , dans sa forme complète , semble offrir un *Cep* de vigne , une *Crosse* marque d'autorité , le *Cep du Centurion* forme du *Resch* Samaritain Antique, ayant donné le *Ro* des Grecs ρ, et qu'on pourroit déduire du Caractère *Sin* (2) , de la 20° lettre , offrant des idées de Saveur et d'Arbre , et analogue pour le sens à la 8° heure où entre aussi la Bouche ; cette 8° heure étant celle des Arbres , des Arbres ou Vignes donnant de l'ombre , avons-nous dit , et ayant donné le H , de certains nombres *Cent*, par cette nouvelle analogie.

Le MILLE (3), comme le *Cent* Egyptien , dérive aussi des symboles du Commandement sur mille Hommes , Mille villes , Mille contrées ; car il est défini comme

---

(1) *Appendice à l'Encyclopédie Britannique ,* par M. le docteur Young , § 201, p 521 ; et *Mémoire* de M. Jomard, sur les Chiffres Egyptiens. (2) Deguignes , *Dict. Chin. ,* clef 161.

(3) Deguignes, *Dict. ,* n° 995, et notre pl. VII.

formé du Caractère *Homme*, en abrégé, et du Symbole
d'un Glaive ou d'une Epée en formé de *Croix*. Ce
nombre Mille est donc rendu au propre par l'Epée du
Tribun, chef de Mille Hommes : et déja M. *Jomard*,
avec raison, a remarqué sa singulière ressemblance,
dans sa forme ordinaire en Chine, avec le mille bien
reconnu des Egyptiens, offrant une Epée, et un Bou-
clier au-dessus de cette Epée peut-être.

Mais dans ses formes antiques, il offre des groupes
qui figurent des *Céréales*, et en particulier, sans doute, le
Mil, *Millet*, les *Blés à 1,000 grains*, autre Symbole très
naturel de ce nombre. Et, quant aux Lettres, d'après
nos suppositions, il répond d'une part, au *Lamed* Hébreu ou à notre L ; d'où cette lettre L entre dans les
mots *Mil*, *Mille*, des diverses langues européennes (ce
mot Mil étant devenu *Min*, par le changement facile de
L en N dans les langues Turques) ; d'où cette L encore
entre dans la *Chiliade* des Grecs ; l'*Eleph*, *Elf* des
Hébreux et des Arabes, y signifiant Mille ; l'*Albo* du
Syriaque, etc., etc. ; en tout dans le nom du *Mille* de
près de 30 langues ; se trouvant ainsi en rapport avec
la 12ᵉ heure (1), qui se traduit par *Racines*, tandis que
dans le *Lamed*, on a vu des idées d'*Armes*, d'*Aiguillon
à Bœuf*, formé de ces Racines peut-être : ces idées
d'Armes étant d'ailleurs analogues à celles qu'offre le
Mille en Hiéroglyphes, on vient de le voir.

(1) Deguignes, *Dict. Chin.*, n° 81 ; et *Dict. Tseu-Goey*.

D'autre part, il répond aussi après la Série des dixaines, au *Schin* ou à la 21ᵉ Lettre Sémitique, qui en
effet dans l'Alphabet Égyptien offre un jardin planté de
Céréales ou de *Lotus*, de *Plantes à 1,000 grains* (1), et
qui étant la 9ᵉ Lettre de la 2ᵉ Série de l'Alphabet tient
ainsi (nous l'avons dit) aux idées de Lien, d'Enveloppe,
de gerbes de blé que présente la 9ᵉ Heure ; alors on
explique comment dans le Copte *Scho*, où entre le
Schin, signifie 1000 ; comment en Persan c'est *Hézar*,
en Lesghien *Azargo*, en Samscrit *Ekhazar*, en Hon-
grois *Encer*, en Malais *Serrivés*, tous mots où entre le
Son *S, Z*, dérivé du *sch*, et en Nubien *Doré-wero* où
entre le nom même du *Doura* ou *Millet*, etc., etc.; on
voit comment le Caractère Hiéroglyphique de ce nombre Mille, semble entrer dans celui du 9ᵉ Jour, donnant le *Schin* (2), et comment le Caractère Mille fait en
Chinois partie de celui de l'*Année*, qui est formé de
Céréale et *Mille* (3) : l'Année, en Hébreu *Schana*, où
entre le *Sch* du *Schin* en effet, devant tout naturellement avoir pour Symbole les *Céréales*, ou être indiquée
par la *Moisson* qui se fait une fois chaque Année. On
voit enfin comment *Isis* ou la Déesse de l'*Année* est
surnommée aux Mille Noms. Et dans l'Antique Civilisa-

---

(1) Suivant M. *Lanci*, le mille égyptien est aussi, outre le
glaive, rendu par le symbole végétal, symbole des céréales, suivant nous, qui précède l'*Abeille* dans les cartouches des rois (Voir
Monumenti Egiziani, par M. Lanci, 1825). (2) *Voir* pl. VII et
pl. VI de cet ouvrage. (3) Deguignes, *Dict.*, nᵒ 7122.

tion Hiéroglyphiqué, encore conservée en Chine le *vivat* ou le *cri* de salut-d'honneur poussé devant les Grands, les Vice-Rois, étant *Mille Années* de vie, comme celui des Rois suprêmes, Empereurs ou Rois des Rois, est *Ouan-Souy* ou *10 mille années*, ce qui est devenu ensuite la désignation de ces rangs ; on voit comment l'Hébreu *Sharar*, signifie *Commander*, *Dominer* ; comment s'est formé de *Mille*, ou *Hézar* en Langue Orientale, le Titre de *César*, *Czar*, *Tzar* ; comment le *Schin*, entre dans le titre de *Schah*, *Scheik*, etc., etc. ; le 9ᵉ Jour qui donne cette Lettre étant presque pareil d'ailleurs au Caractère *Roi* des Hiéroglyphes (1).

Il nous reste enfin à examiner le Nombre Dix-Mille (2), celui où s'arrêtoient sans doute les Anciens dans leur Numération ; car, si ce n'est le *Million* qui semble avoir un Caractère propre dans le Chinois ou l'Assyrien (3), les autres Nombres plus élevés sont modernes et dûs aux rêveries des *Bouddhistes :* suivant notre Théorie, il répondait au *Thau* ou à la dernière Lettre de l'Alphabet, dérivant du 10ᵉ Jour (4) qui offre la clef des Pieds et des ailes, combinée avec le Caractère *Ciel* ou *Flèche* (ce *Thau* entrant peut-être dans le *Patenas*, ou *dix-mille* du *Pehlvy*, et valant *dix* par lui-

---

(1) Deguignes, *Dict.*, n° 5884 *bis.* (2) *Voir* pl. VII de cet ouvrage ; et Deguignes, *Dict. Chin.*, n° 9037, sous la clef 140, celle des plantes. (3) Deguignes, *Dict.*, n° 578, caractère *Tchao*. (4) *Voir* pl. VI, et n° 6479, *Dict.* de M. Deguignes.

même, dans nos expressions *dix-mille*) : mais dans l'Antique Écriture Hiéroglyphique et Centrale, le nombre *dix-mille* a un Caractère propre, qui, mis sous la clef des plantes, est traduit par *Van* (aussi dit *Ouan*, Son analogue à celui de *Ouang*, qui signifie Roi), et a pour signification, avec le sens Dix-mille, celle de Reine des Abeilles, Reine de 10,000 Abeilles sans doute ; outre le nom du *Pavot*, ou plante à 10,000 grains, où entre aussi ce Caractère *Ouan* ou dix mille (1) : ici donc, on se rend raison de la *Myriade* des Grecs, dérivant, par une idée analogue, du nom des *Fourmis*, *fourmilière*, qui comme celui d'*Abeilles*, amène également, à l'idée de Multitude, grand Nombre : ces Insectes d'ailleurs, étant parfois, ailés comme les Abeilles, et s'en rapprochant.

Et, dans le style antique et actuel *Dix-mille Années* étant le *Vivat* Impérial, cette acclamation du peuple étant devenue ensuite l'expression même usitée pour dire l'*Empereur*, le *Roi des Rois*, le *Padischah*, quand on le nomme indirectement, à la Chine, on voit comment, dans *Horus-Apollon* (2), l'*Abeille* est donnée comme le Symbole d'un Roi, qui règne sur un peuple soumis et fidèle (ce qui est encore mieux développé par *Ammien-Marcellin*, dans ce qu'il dit des Hiéroglyphes, à l'occasion de l'Obélisque de Ramessés, tra-

---

(1) *Voir* Deguignes, *Dict. Chin.*, n° 9037.   (2) Hor. Apol., lib. I, Hiérogl. 59.

duit (1) par Hermapion) : on conçoit comment M.
Latreille , dans une Dissertation extrêmement ingénieuse (2), a retrouvé dans ce groupe si fréquemment
figuré au-dessus des cartouches des Pharaons et même
des Empereurs romains, maîtres de l'Egypte (groupe
où M. Champollion (3) et le docteur Young voient
l'épithète de Roi, ou de Roi d'un peuple obéissant),
la peinture de l'Abeille, et d'une Plante qu'il suppose
de la famille des Labiées, mais où M. *Lanci* (4) voit
une des formes du caractère Mille en Hiéroglyphes,
où nous trouvons, nous, une Céréale, symbole abrégé
de l'*Année*, où M. Champollion lit le sens de *Roi*, et
qui forme de ce groupe égyptien, exactement l'Acclamation Impériale et antique, encore conservée dans la
Haute-Asie, *Ouan-souy* ou dix mille Années, traduisi-
ble également par *Roi des Rois* : on s'explique enfin, comment, dans le tombeau du Roi Chilpéric, à Tournay, on
trouva ses Vêtements Royaux ou plutôt Impériaux, par-
semés d'Abeilles en or que l'on conserve au cabinet
des antiquités de la bibliothèque du Roi ; et comment,
récemment encore , par une tradition confuse , dont
peut-être on ne se rendit pas un compte exact, l'*A-
beille*, symbole de l'Empire suprême, remplaça un instant la *Fleur de Lis*, qui n'est peut-être elle même qu'un

(1) Amm. Marc., L. XVII, cap. 4. (2) M. Latreille, *Mémoires
sur divers sujets d'Hist. Naturelle et autres*, p. 160 à 164.
(3) Pl. 15, n° 270 et 271, *Précis du Syst. Hiérogl.* (4) *Monumenti Egyptiaci*, 1825.

équivalent de cette plante, autre partie du symbole de *Roi des Rois* en Egyptien, et qui déja par elle seule signifie Roi, suivant M. Champollion. (1)

Ces traces de l'Ecriture Hiéroglyphique ont donc laissé de profondes empreintes chez tous les peuples, car en Hébreu même encore, *Riboua* ou *Ribo*, Dix-mille, tient de très près à *Débora*, *Débori*, Abeille, il y a seulement inversion : et si en Egyptien, on n'a pas encore reconnu *l'Abeille* et *sa Plante* peut-être, comme valant *dix-mille*; non plus qu'un *Vase à long col* qui figure parmi les Chiffres des Tributs antiques versés dans la Ville Royale de *Thèbes* et enregistrés sur les murs de ses Palais (2), Vase qui doit répondre au Vase de la dixième Heure (3) et être encore l'Hiéroglyphe du nombre Dix; nous ne doutons nullement qu'on ne leur assigne incessamment cette valeur, car nous avons remarqué ces Symboles, au milieu des autres Chiffres, sur ces Murs triomphans de Thèbes, récemment acquis par le Roi pour son Musée du Louvre, par les soins éclairés et sur la proposition du ministre de sa Maison, Son Excellence Monseigneur le duc de *Doudeauville* (4).

Nous pourrions, nous devrions peut-être terminer ici ces considérations déja fastidieuses sans doute, sur les noms de Nombre, et leurs rapports avec les Lettres.

---

(1) *Précis du Syst. Hiérogl.*, n° 267, n° 268, pl. 15. (2) Voir *Description de l'Egypte*, pl. 35; *Antiq.*, vol. III. (3) Pl. IV de cet ouvrage; et *Dict. Chin.*, n° 11277. (4) Pl. 35 et 38, *Antiquit.*, vol. III, du grand ouvrage sur l'Egypte; *Palais de Karnak.*

Nous croyons, par ces analogies et celles qui les précè-
dent, avoir, *d'une manière positive et incontestable*, justifié
ces rapports que le docte M. de *Guignes* le père, avoit su
découvrir entre l'Egypte et la Chine ; rapports qu'admit
également Lacroze, et le savant abbé Barthélemy (1) après
eux, et qui ont été presque niés avec plus d'esprit que
de *vérité*, par notre célèbre professeur, M. Rémusat, à
l'occasion de l'ouvrage de M. Lacour de Bordeaux (2).
Mais nous devons encore montrer, que l'*Amérique* elle-
même, a été soumise à ce vaste système de Cycles et
de Rapports que nous venons de développer et de retrouver en Egypte, en Chine et, dans la Chaldée ; et
nous puisons nos preuves à cet égard, dans l'Amérique
du Sud, et dans ce que nous apprend M. de Humboldt
des *Muyscas* du plateau de *Bogota* (3).

Déja ce savant voyageur, nous donnant leur histoire
intéressante (histoire où *une vaste inondation* est indiquée), et nous décrivant et leurs Cycles, et leurs Chiffres,
et leur Culte sanguinaire, a cru, dans leur grand Pontife

___

(1) *Lettre au comte d'OEtting*, T. IV, *OEuvres complètes*, p.
566 ; et p. 5 et 6, T. IV, *idem.*, de son excellente *Dissertation sur
les Rapports des Langues Egygtiennes, Phéniciennes et Grecques.*
(2) *Journal des Savants*, avril 1821 ; et T. I, *Mélanges Asiatiques*, p. 329, 330, 321, où est reproduite cette savante *Dissertation ;* M. Rémusat y donnant des conseils fort sages sur la manière
de pénétrer dans l'étude des Hiéroglyphes ; manière qu'à cette
époque, nous employons déja depuis plusieurs années en suivant
son excellent Cours, ce qu'eût dû faire également M. Champollion.
(3) *Monuments Mexicains*, T. II, p. 220, in-8°.

ou *Xèque*, distinct de leur Roi ou *Zaque*, comme dans
le Cycle de Soixante dont leurs Cycles montrent des indices , trouver des Rapports avec les *Lamas* et *Daïris*
de la Haute-Asie (distincts aussi des Rois de ces contrées), et avec le Cycle de soixante qu'on y employe également, et nous pourrions augmenter ces inductions par
des analogies de langues encore, et citer par exemple
le nom *Suna*, donné à dix de leurs petites Semaines de
trois jours, et'qui est évidemment le nom *Sun* (1) de la
Décade ou Enveloppe de jours des Chinois, analogue
aux tiers de mois lunaires des Grecs; mais nous insistons peu sur ces Rapports; dans leurs Chiffres mêmes,
nous en avons de bien plus positifs à établir.

Outre la forme qu'ont ces Chiffres (2), dont le *Un*
offre des analogies évidentes avec certaines figures modifiées de la Première Heure des Chinois, aussi bien
que le *Six*, presque identique avec la figure antique de
la sixième Heure chinoise, la forme des autres Chiffres
rendue cursive s'étant facilement altérée, le nom même
de ces Chiffres *Ata*, *Bosa*, *Mica* (inversion de *Cami*
très probablement), *Muyhica*, *Hisca*, etc., correspon-
dant à nos Nombres un, deux, trois, quatre, cinq, etc.,
nous offre déja l'ordre même de l'Alphabet Antique,
et du Cycle des douze Heures donnant les Lettres *A*,
B, *C*, *D*, *He*, etc., nous l'avons démontré.

---

(1) Deguignes, *Dict.*, n° 3869. (2) *Monuments Mexicains*,
pl. XV, T. II, p. 220, édit. in-8°.

Les Figures et les Prononciations de ces Chiffres des *Muyscas*, offrent donc déja, de premières analogies avec ces Cycles de la Haute-Asie, base de tout notre Système -Alphabétique et Numérique : mais la signification du nom de ces mêmes Chiffres, et des Hiéroglyphes qu'on leur fait répondre un à un (comme au Cycle des Heures et des Jours répond, par leur rang constant et fixe, le Cycle des nombres, dans l'Ecriture centrale et primitive) va nous présenter, ayant heureusement été conservée, des Rapports bien autrement démonstratifs.

Au nombre UN, *Ata* (1), traduit à ce que l'on croit par des idées d'Eaux, l'eau se disant en Mexicain *Atl*, répond la *Grenouille* ou plutôt le *Germe*, le *Têtard de grenouille*, symbole naturel de Commencement, d'Origine, et qui a pu en conséquence, s'appliquer à la première Heure de la Haute-Asie, aussi bien que le Caractère chinois de cette première Heure *Tse* (2), de *Fils*, enfant *qui commence à naître, germe, semence;* Caractère qui, suivant nos Tableaux, est le type (offrant un enfant avec un bras relevé, un autre abaissé) de l'*Aleph* des Hébreux, ou de l'*A*, et dont la forme cursive est exactement l'*Alpha* minuscule des Grecs, chose digne de remarque : et en effet, en Egypte, *Horapollon* nous dit que la *Grenouille* est le symbole de *l'homme qui vient*

---

(1) *Monuments Mexicains*, T. II, p. 238. Ce nom rappelant celui des isles *Sandwich*, où *Ataï* signifie également *un*. (2) *Voir* pl. III de cet ouvrage, et clef 39, *Dict. Chin.*, Deguignes, n° 2059.

de naître et qui ne peut encore remuer les jambes, parlant
probablement du *Tétard* ici, plutôt que de l'Animal entier ; et dans l'Ecriture antique conservée en Chine, dans
les formes anciennes du Caractère *Yng*(1), de *Femme enceinte*, animal portant des petits, le symbole de la *Grenouille* (2) ou du *Tétard* se substitue indifféremment à
celui du Caractère *Enfant*, Fils, *Tse* indiqué ci-dessus ; en
outre, considéré sous les rapports de Veilles et d'études
qui ont lieu à cette Heure de la nuit, ce même Caractère *Fils*, entre dans le nom des Lettrés (3), et signifie
lui-même *Docteur, Lettré*, aussi bien que le mot *Alpha*,
nom de la première Lettre chez les Hébreux (4) : on voit
donc, comment les Lettres ou les Caractères usités par
les philosophes *Fou-tse*, ont pu être appelés en Chinois
Lettres imitant les Tétards, Lettres Tétards, et être données comme les plus anciennes de toutes les Lettres
usitées en Hiéroglyphes (5); de sorte qu'ici l'Amérique
vient éclaircir des traditions conservées en Chine,
comme la Chine vient expliquer le choix bizarre d'un animal, tel que la *Grenouille*, pour symbole du nombre *Un*.

Au nombre DEUX, *Bosa*(6), répond comme Hiéroglyphe

(1) *Dict. Chin.,* Deguignes, n° 2063. (2) *Ibid.,* n° 13169,
ou clef 205. (3) *Ibid.,* n° 2065. (4) *Ibid.,* n° 2059, où l'on
trouve *Fou-tse,* magister, doctor; ce nom ayant donné celui de
Kong-fou-tse ou de Confucius, de *Meng-Tse* ou Mincius, etc.
(5) P. 216, *Eloge de Moukden,* traduit par le P. Amyot. Et p.
xxvii, Hager, *An Explanation of,* etc. (6) P. 238, *Mon. Mex.,*
Idem, T. II.

le Disque Lunaire, et la Lune est en effet le second des deux Astres par excellence, des deux grands Luminaires distingués des cinq autres petites Planètes; et le Caractère *Yn*, ou unité femelle du second Jour semble offrir ce *Croissant*, ce Disque courbe de la Lune , comme la deuxième Heure offre la main courbée en creux : mais le sens même de ce Chiffre deux *Bosa*, est *Enceinte, Enclos*, *Entourage* des champs : ce sens est donc encore exactement celui de la lettre *Beth* des Hébreux , qui signifie *Case*, *Maison* , qui entre chez nous dans *Bâtiment, Habitation*, dans *Thbaky*, en Copte, ou dans le nom de *Thèbes* (la ville par excellence) inversions du *Beth* des Hébreux, et dans une foule de mots offrant ces idées dans toutes les langues ; Idées de Capacité , Contenance, dérivant peut-être aussi du Caractère, des *Coquilles, Coquille bivalve* , employé dans l'une des formes du nombre Deux, et devant être son Hiéroglyphe naturel ainsi que nous l'avons déja observé.

Au nombre TROIS exprimé par *Mica*(1), inversion de *Cami* (qui nous amène au *Ghimel* des Hébreux, troisième Lettre , et au *C* ou au *G*), répond pour Hiéroglyphe *deux yeux ouverts*, et aussi une *partie du Disque lunaire;* ce qui annonce que cette Heure, celle du réveil et de la prière , *celle où l'on ouvre les yeux*, répondoit encore à la nuit, ce qui est vrai en effet : mais on traduit son nom *Mica* par *variable* et aussi par *choisi;*

_____

(1) P. 239, *Mon-Mex.*, T. II. *ibid.*

ce Nom, nous le pensons, est altéré et renversé, et cependant les idées de *Choix*, *Election* pourroient se rapporter à celles de Rétribution du *Ghimel*, et de *Respecter*, *Vénérer*, qu'offre la troisième Heure (1) dans le système hiéroglyphique des Cycles : cette heure signifiant en outre *Collègues*, compagnons rassemblés.

Au nombre QUATRE, qui se dit chez les Muyscas, *Muyhica* (2), qui semble offrir la lettre *M*, plutôt que le *Daleth*, le *D* pour prononciation (anomalie qu'on explique en observant que dans le Runique le *D* et le *M* se rendent par des Caractères identiques, et en remarquant que la Porte double qui a donné le symbole du *Daleth* se dit *Men* (3) en Chinois, ou *Mao* dans le Cycle), répond comme Hiéroglyphe *deux yeux* encore, ou plutôt deux portes au vrai, car *Quihica* signifie *porte*, dans la langue des *Muyscas* (4), et le nom de ce Chiffre Quatre est ici *Muyhica* où entre *Hica*; on retrouve donc ici, encore le sens du *Daleth* des Hébreux, et de la quatrième Heure *Mao* de la Série des heures, tous deux signifiant également *Portes* ou *portiques*, nous l'avons suffisamment expliqué.

Reste enfin le nombre CINQ exprimé par le mot *Hisca* (5), qui offre dit-on le sens de *Repos*, *se reposer*, et où, sans aucune inversion, se trouve le *Hé* de la

_____

(1) Deguignes, *Dict Chin.*, n° 2146. (2) P. 239, T. II, *Monuments Mexicains*. (3) Deguignes, *Dict.*, n° 11643, ou clef 169. (4) P. 255, T. II, *Monuments Mexicains*. (5) P. 239, id., *Mon. Mexicains*.

cinquième lettre Sémitique. Si ces idées ne tiennent pas
à célles du repos solsticial (car les douze Heures ont
répondu aux douzes lunes et aux douze Mois, et ont
souvent été expliquées par les Phases mêmes de ces
lunes, et les états successifs de la nature dans ces douze
mois), elles s'expliquent par le Repos qui avoit lieu pour
le premier Repas, celui du déjeûner qui s'apportoit alors
de sept à neuf heures du matin; Repas qui semble indiqué,
si ce ne sont les *Clepsydres*, par un *vase* et le caractère
Bouche dans les symboles antiques de la cinquième
Heure chinoise, et qui explique peut-être, les analogies
déja remarquées dans plusieurs langues, par M. de Sacy
et d'autres philologues, des verbes *Edere* et *Esse*, aussi
bien que la cause pour laquelle la lettre *E*, cinquième
Lettre, celle de la cinquième Heure, est la lettre con-
stitutive et par essence de ces deux mots; cette lettre
entrant aussi dans le mot *Ei* sur lequel a disserté *Plutarque* assez au long : mais le Hiéroglyphe qui répond à
ce nombre cinq des *Muyscas*, offre, dit-on, deux figures
unies, où l'on voit les noces ou la *Conjonction du Soleil
et de la Lune* à ce qu'on prétend; et comme ce sens qui
paroît d'abord absurde, mais qui est astronomique et
pourroit s'expliquer, se trouve exactement dans celui
de la cinquième heure chez les Chinois, heure prononcée *Chin* et traduite par *Conjonction de la Lune et
du Soleil*(1), on voit que l'identité complète de ces cinq

_____

(1) Deguignes, *Dict. Chin.*, n° 10987, clef 169, traduite par

premiers nombres et des Hiéroglyphes qui les accom-
pagnent chez les *Muyscas*, avec les Cycles de l'antique
Écriture Centrale en Hiéroglyphes, ne peut être niée,
même par les personnes les plus sceptiques ; on explique
ce passage absurde d'un Ancien, que la Lune tourne avec
la lettre *E* ; on se rend raison de la *figure humaine* qui,
dans l'alphabet hiéroglyphique des Égyptiens, rend chez
M. Champollion (1), et avant lui, dans le livre de M. *Lacour de Bordeaux* (2) la valeur de cette lettre *E* : cette
cinquième heure dans l'ordre direct des signes du Zodiaque (le Solstice étant dans le Verseau), répondant
alors à la constellation des *Gémeaux*, où figure, dans les
Monumens Égyptiens, un *homme et une femme* se donnant la main, où l'on a mis *Apollon* et Harpocrate, où
nous devons voir d'après tout ce qui précède, *Apollon*
et *Diane.*

Des Rapports aussi complètement suivis sur une série
de cinq Nombres, car nous jugeons ces rapprochements
convenablement étendus, ne peuvent être l'effet du
hasard évidemment. Ils nous paroissent bien autrement

Sol et Luna in conjunctione, outre *Hora, Dies, Annus,* ce qui rappelle encore ce que dit Hor. Apollon du *Cynocéphale,* emblême
des Lettres ou des Heures, étant mis sur les Clepsydres, et s'at-
tristant, dit-il, lors de la conjonction du Soleil et de la Lune. Or,
à *Dendera,* dans le Zodiaque, comme l'a remarqué déja M. de
Humboldt, l'un des Gémeaux a une tête de Cynocéphale, qui répond à ce signe, dans le Cycle des 12 Animaux, pris en ordre inverse. (1) *Précis du Syst. Hiérogl.,* pl. C, lettre E. (2) *Essai
sur les Hiérogl. Egyptiens,* p. 48, 49.

positifs que ceux, déja établis par M. *de Humboldt,* entre
les Cycles de l'Asie et les Cycles des Mexicains. Ils nous
montrent, unis par le même système de *Chiffres*, de
Lettres, d'*Heures* et de *Mois,* de *Jours* enfin, et les *Egyp-*
tiens , et les *Chinois* , et les peuples de l'*Amérique,* qui
peut-être émigrèrent du *Japon*, en ces contrées encore
plus orientales. Ils remontent peut-être pour certaines
contrées de la Chine (1), comme pour l'Egypte et la
Chaldée , à des temps fort voisins du Déluge ; mais ils
n'en sont pas moins indubitables, et aussi certains
qu'aucune démonstration mathématique. Ils complètent
enfin notre Théorie, que nous avons ici à peine esquissée
des Lettres alphabétiques déduites des Cycles ; puisque,
chez les *Muyscas* d'Amérique , ils nous donnent, pour
les cinq premiers Chiffres ou premières heures , les cinq
premières Lettres de l'Alphabet primitif qui est évidemment le *Chaldéen* ou le *Sémitique,* d'après tout ce que
nous avons exposé. Chez les *Chinois,* les *Japonois,* les *Co-*
réens, au *Camboge,* à la *Cochinchine,* au *Tonquin,* dans
le *Thibet* et sans doute à *Siam,* et dans le pays d'*Ava* ,
ces Cycles remarquables, bâse de toute notre Théorie,
sont encore usités, nous disent les missionnaires ; mais,
comme nos Chiffres arabes en Europe, ils ont partout

---

(1) Le *Chen-sy,* et spécialement le pays de *Chou,* sur lequel
des Recherches curieuses seroient à faire , et qui répondoit au *Sse-*
Tchuen ou pays des quatre Fleuves, non loin du plateau culminant
de la Terre, celui du Thibet.

des prononciations très différentes (1) : on en a même
confondu les Caractères ; car, d'après une note que
M. *Klaproth* a eu la complaisance de nous fournir, au
Japon, comme on le voit aussi dans *Ulugh-begh* pour
le *Turquestan*, on auroit dénommé les Signes des douze
Heures, du nom des douze Animaux qui, en Chine, ont
leurs symboles à part ou leurs Hiéroglyphes : on conçoit donc, qu'il pourroit se trouver tel peuple de la
Haute-Asie, où l'un des Cycles offriroit, dans la prononciation de ses Symboles, l'ordre même de nos Lettres, ou de l'Alphabet Sémitique et primitif; Alphabet,
qui se retrouve déja dans l'ordre actuel, parmi ces Pseau-
mes de la *Bible*, c'est-à-dire d'une antiquité incontestable, commençant chacun de leurs Versets par une des
Vingt-deux Lettres qu'il présente; et dont M. Grotefend
a eu le très bon esprit d'admettre la priorité sur tous
les autres, quand il y a comparé, d'une manière si vraie
et si ingénieuse, les vingt-deux Caractères d'une Stèle
Egyptienne dont il s'occupa, et dont il tira son alphabet
démotique, publié plusieurs années avant les travaux de
M. *Young* sur ces matières, et encore plus complet en ce
jour même que celui de M. Champollion (2).

---

(1) P 137, T. II, *Recueil d'Obs. Mathém.* du P. Souciet, passage du
P. Gaubil. (2) *Voir* T. III , p. 84, *Mines de l'Orient ,* pl. 67 ; et
T. IV, p. 245 : le *Zaïn,* le *Aïn* et le *Thau* manquent dans les *Alphabets* de M. Champollion, et sont dans celui de M. Grotefend ,
qui, offrant une Série, est plus certain, même pour les autres Lettres,
que celui de M. Champollion , où les Lettres sont obtenues une-
à-une, et avec adresse, mais hésitation, pour celles de même organe
surtout.

Malgré tous nos efforts, nous n'avons pu, depuis plus de *huit* ans que notre système est conçu, obtenir les prononciations de ces Cycles, en *Coréen* par exemple ; mais dans une lettre datée de *Hué*, juillet 1821, Monseigneur l'évêque de *Viren* nous les a données pour la *Cochinchine* : et M. Rémusat, a eu, il y a plusieurs années, la complaisance de nous communiquer d'après M. *Titsingh*, leur prononciation savante au Japon, où ils ont aussi plusieurs autres prononciations (1).

Nous donnons ces Prononciations diverses, aussi bien que celles du dialecte de *Canton*, dans les Tableaux abrégés des trois Cycles, que nous joignons à cet Opuscule, et où nous avons offert, sur trois colonnes, les Formes actuelles, les Formes antiques, et les Formes cursives de chacun des Caractères dont ils se composent : mais aucune de ces prononciations n'a donné immédiatement cet accord avec l'Alphabet Sémitique, qui semble se retrouver, pour les premiers Nombres, chez les *Muyscas* d'Amérique, et les Prononciations chinoises sembleroient plutôt avoir donné le nom de nos Chiffres par le Cycle des Heures, que le Son de nos Lettres ; mais, nous le répétons, il nous manque encore beaucoup d'Eléments de comparaison, et d'ailleurs le Son *G* du *Zaïn*, les Sons *He* du *Kheth*, celui en *I* de l'*Iod*, en *C* adouci du *Caf*, en Ou, ou V, B,

---

(1) § 100, p. 103, de la *Grammaire Japonoise* du P. Rodriguez, publiée par M. Landresse.

P, du *Phe*, en K ou Q , du *Couf*, en *Sch*, du *Schin*, se
retrouvent aux distances voulues dans les deux Cycles,
mis à la suite l'un de l'autre ; et se tireroient encore
mieux, il semble, des prononciations des deux Cycles
combinés dans le *Kia-Tse*, ou du Cycle de Soixante,
dont nous offrons aussi les vingt-quatre premiers Caractères, comparés aux Lettres de l'Alphabet. Quant
aux Formes, l'identité pour un grand nombre de Lettres est évidente , et présente une preuve comme ma-
térielle de notre Théorie ; et si nous y comparons les
Formes Cursives de ces Caractères des Cycles , aux Minuscules des Grecs par exemple , c'est que nous nous
appuyons sur les antiques manuscrits et Contrats Grecs
que l'on a retrouvés dans les Catacombes d'Egypte, et
qui déja offrent les formes actuelles des Minuscules
Grecques, que l'on croyoit plus modernes à tort.

Nous eussions pu insister, plus que nous ne l'avons
fait, sur la Signification des Lettres en Hébreu, en Chaldéen, en Arabe, et sur l'Idée spéciale qu'elles ont apportées, dans tous les mots de nos Langues actuelles ,
dans la formation savante de l'*Hébreu*, du *Grec* et du
Latin qui en dérive , du *Samscrit* et de nos langues
Indo-Germaniques. Ainsi nous eussions expliqué , par
exemple , comment la lettre P entre dans une foule de
noms d'Instruments Piquants et aigus, remarque que
nous faisoit , il y a quelques années M. le comte A. de
Noailles, qui nous citoit les mots *Epée*, *Epine*, *Pieu*,
Pique, *Pointe*, *Epingle*, *Poil*, *Pinceau*, *Pin* (aux

feuilles aiguës) , *Paille* , *Pyramide* , *Epi* , *Épe-
ron* , etc. , etc. ; car le Caractère du 5ᵉ Jour, qui a
engendré le *Phe* Hébreu, ou le P de nos Alphabets,
est un Glaive, où le *V*, comme le *B* de Sa*bre* , n'est
également que cette lettre P modifiée et parfois même
changée en *U*.

Nous eussions vu comment la préposition *Ex* , le
verbe *Edo* , mettre dehors, offroit des idées de sortir,
produire au dehors ; la lettre E, qui répond à la 5ᵉ
Heure, celle qui suit le lever du Soleil, ayant naturellement dû offrir les idées de *sortie* , *paroître au dehors* ,
Emettre ; de la même manière que le I, 10ᵉ Heure, celle
de la Rentrée dans les maisons et des *Portes* closes, se
voit dans la préposition *In* du latin, et dans notre parti-
cule *y* ; nos mots *dans* , *dedans* , qui y correspondent,
ayant tiré leurs lettres *d, dd*, du rapport de cette même
heure *Yeou*, aux Portes closes. Par ces idées de Temps
et d'Heures, attachées aux Lettres, nous eussions pu également peut-être, expliquer les caractéristiques du *Futur*, du *Passé* , du *Présent* dans les verbes, celles de
leur *Infinitif*, etc., etc. ; nous eussions pu enfin, prendre
tous les Caractères Chinois où entrent les 22 Caractères Cycliques, et montrer que leur Signification se
retrouvoit dans les mots Hébreux ou Indo-Germaniques
aussi, où la Lettre, répondant à ces Caractères Cycliques, entroit comme Radicale, et nous l'avons vérifié
pour un grand nombre ; mais nous devons borner ici
cet Aperçu déja peut-être trop long, vu l'aridité et la

sécheresse des matières, que nous y avons seulement esquissées cependant (1).

Bien qu'ayant à peine effleuré ce vaste sujet, nous le répétons, et laissé de côté une multitude de Notes que nous avons recueillies, nous croyons avoir justifié les aperçus profonds du grand *Leibnitz*, et montré, comment l'Ecriture Hiéroglyphique, conservée à la Chine, loin d'avoir été conçue par un Peuple grossier et encore barbare, ainsi que l'a énoncé un professeur habile, et qui nous a lui-même donné les moyens de le combattre (ce qu'il a fait avec une extrême courtoisie, nous le reconnoissons), l'a été par des Hommes Eminemment Ingénieux, et qui, dans ce vaste tableau de leurs idées, ont su mettre les germes de toutes nos Sciences actuelles et de toute notre Littérature alphabétique et moderne. De ce que cette Ecriture, par exemple, n'offre pas pour le Métal un Caractère simple, on a conclu que le Peuple qui l'établit ne connoissoit pas l'art des Métaux ; mais en effet cet Art ne put être le premier trouvé, parmi les arts ; il suppose l'usage du Feu et d'autres Connoissances encore ; et comme l'Ecriture Hiéroglyphique peignoit aux yeux, le Métal, ainsi qu'il étoit naturel de le peindre, offre dans les formes antiques du Symbole qui le représente (2), les Carac-

_____

(1) Nous pourrions citer encore, le nom de DIEU dans tout l'Orient, AL, c'est-à-dire, le *Commencement* et *la Fin* de tout; L, terminant la 1ᵣₑ Série des 12 Lettres ou des 12 Heures.

(2) *Dict. Chin.*, Deguignes, nº 11378; et *Dict. Tseu-Goey*, donnant les formes antiques, ou *Tchou-tseu-Goey*.

tères du *Feu* qui le fit découvrir (1), et des *Marteaux* ou autres instruments , sans doute en pierre , qui dès l'origine servirent à le façonner. Il y auroit eu preuve d'ignorance de sa nature , au contraire , si on l'eût rendu , comme le feroient actuellement des Sauvages stupides , par un Caractère simple et de convention.

Nous nous résumons donc , et nous posons ces Conclusions, que l'on ne pourra , ce nous semble , nous contester. Après le Déluge , comme avant ce Cataclysme , que nous fixons avec la Vulgate , vers 2347 avant notre Ère (les Livres chinois portant 2357), un Foyer Central de lumières et d'une Civilisation , analógue à celle que nous montre la Bible dans les Patriarches de la Chaldée , a long-temps existé, et toutes les Sciences nécessaires à l'homme, y ont été conçues et créées sous une forme hiéroglyphique ; la *Boussole* par exemple, que nous étudions encore, y ayant été connue (son antiquité étant prouvée , d'après la nature même des Caractères qui servent à y dénommer les Aires des Vents, et qui remontent à la plus haute antiquité, nous l'avons déja dit). Tous les Peuples chez qui une littérature existe , et qui , en raison de quelque crime ou de quelque malheur, n'ont pas vu leurs Fondateurs se jeter volontairement ou malgré eux, dans l'état stupide des Sauvages, état qui n'est pas, comme l'a dit M. *de Bonald* , celui de l'Homme Primitif, ont

(1) *Ibid. ,* n° 5381, Deguig., *Dict.*

9

puisé long-temps à ce Foyer; la Terre alors se repeu-
plant à peine, et pendant trois à quatre générations,
les hommes échappés au Déluge étant restés sans se
disperser. Ce Foyer ne pouvoit être qu'en Asie; et
suivant nous, sur le Revers occidental des hautes
chaînes de l'*Himalaya*, vers la Bactriane ou l'ancien
Ta-Hia (1) des Chinois, c'est-à-dire dans le pays des
grands *Hia*, des 1ers Assyriens, des Pischdadiens, des
Parses, dans notre ASSYRIE enfin, en prenant le sens de ce
mot Assyrie dans sa plus grande étendue ; car c'est de
l'Orient, que la Bible amène les premiers hommes dans
les plaines de Sennaar, à Babylone : et l'on trouve en effet,
à BABYLONE ou *Hellah*, la *Lilaq* des Samaritains, une
multitude de Briques, imprimées en Hiéroglyphes, formant la décoration savante, des Piliers énormes, des
Murs gigantesques et encore debout, de cette Reine antique des Villes; Briques, que mentionne Pline quand
il nous dit, que les Babyloniens y avoient gravé leurs
Observations Astronomiques (2); dont plusieurs furent
envoyées au Savant abbé Barthélemy, sur la fin du
siècle dernier, par le missionnaire astronome M. de
Beauchamp (3) ; et qui offrent, comme les Briques de
même nature recueillies à Thèbes (4), non-seulement

(1) P. 44, 45; T. III, du *Recueil* du P. Souciet, texte du savant et modeste P. Gaubil.   (2) Plin., lib. VII, cap. 56.
(3) *Journal des Savants*, 1790.   (4) *Description de l'Egypte*,
in-fol., *Antiq.*, T. I, 2e livraison; ch. IX, § X, *Hypogées*, p. 367,
368; et pl. 48; *Antiq.*, vol. II. *Voir* M. Jomard.

des Hiéroglyphes, où nous avons reconnu avec certitude, les Caractères Chinois, de Champ cultivé, d'Oiseau,
d'Etendard, tels qu'on les faisoit dans l'Antiquité (1),
mais où M. Honoré Vidal, résident françois à Bagdad,
et d'autres Voyageurs Anglois, ont cru voir sous les
Caractéres Cunéiformes ordinaires dont elles sont empreintes, des Dates exprimées en *Chiffres*, d'une nature
analogue aux nôtres à ce qu'il paroît (2) : et le savant
Anglois, M. *Ouseley*, en visitant les ruines de l'antique
Ville de Suze, la Ville de ce Memnon, aussi bien Assyrien qu'Egyptien, y a trouvé des Blocs de pierre, chargés
d'Hiéroglyphes si ressemblants à ceux des Egyptiens,
qu'il a attribué ces sculptures à ce Peuple célèbre des
bords du Nil (3).

De cet Empire Assyrien, le premier qui subsista
après le Déluge, nous l'avons indiqué dans notre Introduction, nous le démontrerons incessamment, diver-
gèrent des deux côtés, les Collèges de Lettrés, soit

---

(1) On trouve, dans les *Mines de l'Orient*, des Tableaux Comparatifs très bien faits de ces Hiéroglyphes (dont beaucoup se ressemblent entr'eux), des Briques de Babylone, et que nous distin-
guons fort de l'Ecriture analogue, mais alphabétique, retrouvée
à Persépolis, et savamment interprétée par MM. Grotefend et St.-
Martin : c'est dans ces Tableaux et dans la célèbre *Pierre* déja
citée, rapportée par M. *Michaux* le naturaliste, que nous avons
puisé les Bases d'un Travail que nous publierons prochainement
sur l'Ecriture et l'Astronomie Babylonienne. (2) *Bulletin de la
Société de Géograph.*, T. I, p 105, *Lettre à M. Barbié du Bocage*.
(3) T. I, p. 258, du *Mercure Etranger*, Journal publié à Paris,
année 1813.

Ethiopiens et *Egyptiens*, soit *Indiens* et *Chinois :* mais
l'Empire Central ayant été le premier défriché après ce
terrible Cataclysme, et lorsque les hommes moins
effrayés, emportant leurs Livres avec eux, se déci-
dèrent enfin à quitter les hauts lieux et à descendre dans
les plaines (1), il conservoit sa supériorité dans les
Sciences déja antiques dès cette époque et sa Suprématie
sur tous les autres Peuples des Colonies, et par cette
Suprématie par exemple, leur fournissoit leur Calendrier (privilège qui est encore le symbole actuel de la
Suzeraineté à la Chine, où s'est conservé tout le type
de la civilisation primitive), et en même temps aussi, il
il leur donnoit les noms de ses antiques Souverains, aux
années de Règne desquels les Dates de ces Calendriers
étoient rapportées ; de sorte que de cette manière, les
Egyptiens eurent en tête de leur Histoire, les 17 Rois
Ethiopiens d'Hérodote, ou les 17 Rois connus sous le
nom de Dynastie des *Hia* en Chine, Rois qui, par la
même cause, formèrent aussi la tête de l'Histoire d'une
foule d'autres Peuples ; leurs Noms hiéroglyphiques et si-
gnificatifs ayant été traduits, sous des Noms en apparence
fort divers, dans les Histoires de tous ces Peuples (2).

---

(1) Joseph, *Ant. Jud.*, ch. IV. (2) C'est ainsi que les Japonnois, par exemple, ont pour tête de leur Histoire, après leurs
temps fabuleux, les trois dynasties prétendues chinoises, ou même
les quatre, en comptant celle d'avant les *Hia*, leur Histoire propre
ne datant que de 660 avant J.-C., c'est-à-dire de leur Roi encore
fabuleux *Sin-Mou*.

Les Lettres et les Sciences se perfectionnèrent donc en premier lieu dans cet Empire Central, et les Hiéroglyphes, dont les Lettrés où les Prêtres conservèrent seuls l'usage, y furent remplacés par des Lettres Alphabétiques dérivant des Cycles, nous l'avons démontré : ces Hiéroglyphes (qu'employèrent les Grecs eux-mêmes, comme on le voit dans *Plutarque* (1) nous parlant du tombeau d'*Agésilas*), restant cependant en usage, soit à l'Ouest ou en Egypte, soit à l'Est ou vers le Thibet et le *Chen-sy*, c'est-à-dire dans la Chine Ancienne.

Habitant la Mésopotamie où l'on faisoit usage des Lettres, les Hébreux, famille choisie de DIEU dans la *Race Sémitique* la plus éclairée des Races, pour conserver plus spécialement, aussi bien que les Arabes qui en sont comme une branche cadette, l'idée de son Unité sublime, les premiers sans aucun doute, soit au temps de Moïse, soit même antérieurement, écrivirent en Caractères Samaritains ou Phéniciens, ou en Caractères plus anciens encore, l'Histoire Alphabétique du Monde : et de là, outre son inspiration, ces documents si précieux que, parmi toutes les Nations, la BIBLE seule jusqu'à ce jour, ce Livre Sacré par excellence, nous fournit sans confusion, sur l'Histoire des premiers Temps et des premiers Hommes.

Cependant ces Hiéroglyphes, usités en Egypte et

(1) Plutarq., *du Génie de Socrate*, T. IV, § V.

dans les Indes, la Haute-Asie, y amenèrent peu à peu ces monstrueuses Idolâtries qui, partant d'une même Source, eurent tant de points communs, et au milieu desquelles on voit luire toutefois, tant de Rayons encore de la Sagesse des premiers Temps.

Cultivées de plus en plus en Assyrie, malgré des Guerres et des Révolutions, dont nous déroulerons le Tableau un jour, si nous y sommes encouragés, ces Sciences Antiques qu'on y conservoit, permirent à Ptolémée de trouver là seulement, *et non en Egypte où il écrivoit cependant*, les Eléments de sa Syntaxe et de ses Calculs Astronomiques, établis dès lors dans le Système Grec et Alphabétique. Là en effet, Pline nous montre les *Lettres Assyriennes*, existant dit-il, de toute antiquité (1); ce qui est vrai quand on les dérive des Hiéroglyphes créés, nous l'avons montré, longtemps avant le Déluge par les premiers hommes. Là, toute l'Antiquité nous cite des Observatoires fameux; le terme même de *Chaldéen* y devient synonyme de celui d'*Astrologue* ou *Astronome*. Les Grecs y viennent puiser, selon *Hérodote*, et leurs divisions du Temps et leurs *Lettres* dérivant des *Heures*. Les Hébreux, lors de la Captivité, y viennent chercher leurs *Lettres Chaldéennes*, plus simplifiées encore, moins Hiéroglyphiques que celles des *Samaritains*. Là enfin, se font ces obser-

(1) Plin, lib. 7, cap. 56, endroit cité déja.

vations envoyées par *Callisthène* à *Alexandre*, et sans
doute aussi celles qui, suivant le Père *Gaubil*, prove-
nant de la TOUR DE BABYLONE, sont conservées dans les
Monastères du Thibet (1).

Les temps d'ALEXANDRE arrivent enfin ; le vaste Empire de DARIUS, ce centre commun de Civilisation antique, cet Empire du Roi des Rois s'écroule : la Chine
commence seulement, sous les *Tsin*, à avoir des Monuments authentiques, et à offrir une Histoire qui soit
celle spécialement de ce pays, dont toute la lisière
sud-ouest est encore à demi-barbare ; elle devient, sous
ce nom de *Tsin*, ou de *Chine*, célèbre chez les Auteurs
Occidentaux, les PTOLÉMÉES introduisent en Egypte
les Arts et l'Ecriture de la Grèce ; on cesse d'étudier et
de savoir lire les Hiéroglyphes que *Démocrite*, cependant, pouvoit encore entendre, lorsqu'il traduisit nous
dit-on, plusieurs des Piliers de BABYLONE : ces Hiéroglyphes se conservent vivants, seulement dans la Haute-Asie
que cette révolution ne peut atteindre, et l'on voit un
peuple intermédiaire, les *Ouïgours* par exemple, avoir
à la fois l'usage des *Kings* en Hiéroglyphes et des
Lettres Syriaques (2) ; ils rendent le Peuple, devenu
immense depuis, de cette Asie extrême, stationnaire

(1) *Recueil* du P. Souciet, ou *Observations Astronomiques ;* et
Histoire de l'Astronomie Chinoise, par le P. Gaubil, T. II, p.
127. (2) M. Rémusat, *Recherches sur les Langues Tartares*,
T. I, p. 45.

dans sa Civilisation ; là seulement se conserve le Dépôt des anciens Livres ; là nous avons voulu trouver l'Histoire de l'Homme, des Constellations et des Lettres ; on jugera si nous nous sommes égaré.

FIN.

TABLE SOMMAIRE

DES MATIÈRES.

(158)

ESSAI SUR L'ORIGINE UNIQUE ET HIÉROGLYPHIQUE DES CHIFFRES ET
DES LETTRES DE TOUS LES PEUPLES.

FIN DE LA TABLE.

EXPLICATION DES PLANCHES.

FRONTISPICE. L'Inventeur Phénicien ou Araméen de l'Écriture Alphabétique, le second *Taaut*, assis près des Monuments et des Ruines de l'Antique Babylone, et par cette invention, ramenant l'Écriture à une simplicité voisine de celle des *Koua* de *Fo-hy*, Écriture des premiers Hommes. (Voyez pl. II, où ces *Koua* sont détaillés.)

Pl. I. La Boussole, très différente de la nôtre, conservée dans la Haute-Asie, offrant les Caractères des *Koua* et ceux des Cycles des Heures et des Jours, et que nous supposons avec Barrow, de la plus haute antiquité. (Voy. p. 68.)

Pl. II. Tableau général de la dérivation des 22 Lettres des Alphabets Hébraïques ou Sémitiques (d'où proviennent tous les autres), et qui sont tirés des vingt-deux Caractères Chinois ou plutôt Assyriens, qui résultent des deux Cycles de 12 et de 10 ajoutés l'un à l'autre et tracés dans la première colonne à droite.

Avec les rapports qu'offrent ces Cycles, aux 13 Nombres principaux, aux Lunes, à nos Signes du Zodiaque, aux Éléments, Couleurs, Saveurs, Points Cardinaux, Planètes, etc., etc., rapports tirés du Calendrier Antique YUE-LING.

Pl. III et IV. Tableaux détaillés des Formes Modernes, des Variantes ou Clefs, des Formes Antiques et très diverses suivant leurs aspects différents, et des Formes Cursives, de chacun des 12 Caractères Horaires des Chinois; Caractères, tirés de Dictionnaires authentiques, et renfermés dans la division supérieure de chacune des 12 Cases Horizontales, et auxquels sont comparés, en dessous, par Colonnes Verticales, les Lettres Alphabétiques et les Chiffres de tous les Peuples : ces Lettres et ces Chiffres bien que de Figures souvent très dissemblables, dérivant également des Formes Antiques diverses d'un même Caractère Horaire, soit en prenant ces formes entières, soit en prenant la partie supérieure, la partie inférieure, ou le milieu seulement, et les abrégeant, mais sans les altérer.

Pl. V et VI. Même Tableau, pour les 10 Caractères des Jours, et pour les 10 dernières Lettres des Alphabets de tous les Peuples ; Lettres qui dérivent également de ce second Cycle Hiéroglyphique.

Nota. Dans ces quatre Planches, nous avons donné (voyez première colonne à gauche), les prononciations des Caractères modernes des Cycles dans trois ou quatre Royaumes de la Haute-Asie. Dans la colonne des observations , nous avons noté les Analogies de Son et de Signification avec l'Alphabet Hébraïque ; celles des Formes étant évidentes. Nous avons aussi donné, comme parallèles à ces Cycles, deux autres Cycles placés dans la troisième colonne, à partir de la droite, et dont le Sens peut servir à concevoir celui des Caractères des deux Cycles plus anciens. Par Alphabet Egyptien , nous entendons celui de M. Champollion ou Grotefend ; par celui de *Pa-sse-pa*, nous entendons celui cité par M. Rémusat, *Rech. Tartares,* par ceux de MM. de Sacy et des Sassanides ou de Roustan , nous avons indiqué ceux découverts par le Savant M. de Sacy.

Pl. VII. Tableau des Formes Modernes, Variantes, Formes Antiques et Cursives, des 13 premiers Nombres et du Zéro dans l'antique Écriture Hiéroglypphique des Assyriens, actuellement conservée en Chine, et sous ces formes dans chaque Case Horizontale, Lettres et Chiffres des Peuples Européens et autres, qui en proviennent, et qui servent à confirmer les premiers Tableaux.

ERRATA.